JN318574

お金とツキを呼ぶ ちょっとした「習慣術」

和田秀樹

祥伝社黄金文庫

「お金とツキが転がり込む習慣術」改題

文庫のためのまえがき

勝ち組と負け組に分かれる社会や、金があれば勝ちという時代になったといわれて久しい。

私自身、それについては批判的な考え方をもっているが、だからこそ、最近は金をよりいっそう稼《かせ》がないといけないと思っているし、勝ち組にならないといけないと思っている。というのは、こういう時代には、ちゃんと勝っていないと自分の言いたいことも言えないし、正論のつもりで言った話が負け犬のひがみのように言われたりするからだ。勝っている立場で、これはおかしいし、自分の税金は安すぎる、もっと社会に還元すべきだと言わないと誰も信用してくれないのである。

それ以上に、負け組でいいやと思ったとたんに、本当に負け組になるし、一部の例外(僭越《せんえつ》だが私もその一人だと信じている)の人を除くと、勝ち組の人間は負け組に厳しい。『下流喰い』などという恐ろしいタイトルの本が売れているようだが、現実に勝ち組の人間は、負け組の人間を、さらに安くこきつかったり、そこから収奪をしようとしたりする。

そこで、私が一貫して主張してきていることは「あきらめない」ということである。現代の下流社会論や希望格差社会論などで、多くの識者が主張するのは、負け組の人間や、その予備軍が端《はな》からあきらめてしまっているということだ。逆にあきらめなければ、昔と比べてはるかにチャンスの大きな時代であるのも確かなことなのだ。

確かに、運も才能も財産もないと考えるとあきらめたくもなるだろう。財産は仕方のない部分はあるが、最近のベンチャービジネスの成功者を見ていても、これまでと比べ物にならない少ない資本で、これまでに考えられない短期間で、これまでよりはるかに大きな富を得ているのは事実である。

運というのは、最近の認知科学の考え方では、ものの見方に負うところが大きいとされている。ものの見方が楽観的な人は、よけいに積極的になれるし、自分のやった仕事についてもポジティブな面が見られるので、よけいに成功の確率が高まるし、その逆の人は、成功に出会うチャンスを自ら閉ざす上に、それをよけいに悪く受け止めてしまう。

才能や能力というのも、素質以上にやり方に負うところが大きい。私は受験勉強法について、勉強のやり方を変えることで多くの受験生を成功に導いてきたが、セールスにせよ、マーケティングやマネジメントにせよ、うまくいっているノウハウをまず学んで試してからでないと才能があるかどうかはわからないだろう。

本書は、私が学んできた認知科学や、実体験をもとに、お金やツキを手にするのは、運や才能の問題でなく、生きる態度、つまり普段の習慣術の問題なのだということを伝えている。

これが安く、普段持ち歩きやすい文庫の形で出版されることに喜びを感じているし、それを通じて、ちょっと習慣を変えることで、ちょっとでもツキや金儲けの糸口をつかんでくれれば著者として幸甚《こうじん》この上ない。

末筆になるが、文庫化の編集の労をとっていただいた祥伝社黄金文庫編集部にはこの場を借りて深謝したい。

二〇〇七年一月

和田秀樹《わだひでき》

まえがき

うぬぼれかもしれないが、私はツイているほうだし、お金に縁があるほうだと思う。

ふだんの学力以上に試験に対して強いから、世間的にはエリートと言われる学歴も得ることができたし、若い頃から本もかなり売れて、能力にふさわしくないくらい著書も多い。どちらかというと、よい出会いもしているほうだろう。

学生時代から、映画を作りたかった関係で、金儲《もう》けには熱心だったし、これも上手くいった。東大医学部の学生だったことをいいことに、家庭教師でガッポリ稼ぎ、さらに塾を立ち上げたらそれも成功した。そのほか、学生フリーライターをやっていたら、たまたま編集長が太っ腹の名物編集長で、学生の分際でずいぶん取材費も使わせてもらった。

医者になって、とくに研修医時代は一気に貧乏になったが、研修医を終えた途端に、『受験は要領』という本がベストセラーになったし、留学で素寒貧《すかんぴん》になったと思えば、その後、通信教育のビジネスが上手くいったり、本が売れたりで、あまりお金に困った実感がない。

こんなことを書くと、別世界の人だとか、東大医学部卒の人間が書くような話は自分たちには使えないとか、嫌味《いやみ》な自慢話だと受け取られそうだが、私が言いたいのは、これらの「ツキ」や「金儲け」は、運も多少手伝ってくれたのだろうが、私なりに計算をしてやったことばかりだということだ。つまり、運は自分で生み出すことができるのだ。それも「習慣」をちょっと変えることで。

私のこれまでの人生を支えてきた最大の取り柄《え》は、「自分がなぜ上手くいくのか」をまじめに分析したことだと考えている。

試験に強く、東大の理科Ⅲ類に現役合格したときにも、自分が頭がいいからだとはとても思えずに、自分の受験勉強法を改めて分析して、受験ノウハウをそこから抽出《ちゆうしゆつ》した。それが学生時代の教育産業での成功と、その後の受験テクニック本の成功につながった。

本が売れたら、そこから通信教育事業を立ち上げたり、印税でお金ができたら、そのお金を使って留学して本格的な精神分析理論や心理学を学べば、日本で心理学ベースの文化人になれると考えたのも、ずるいようだが計算の上での話だった。それでもなかなか一般向けの本が売れなかった際に、私の受験勉強法の元読者で、今大人になっている人を対象にすればベストセラーが出るかもしれないと考えて出版した『大人のための勉強法』は、私にとって初めての一般書のベストセラーとなり、結果的に文筆業で食べられる布石となった。

ツイているとき、上手くいっているときに、それをなぜかと考えて、成功のエッセンスをつかみとり、そしてそれを習慣化して「ツキの好循環」を維持する。それが私の勝ちパターンなのだ。

この数年、認知心理学や認知療法を勉強するようになって、人間のものの見方や考え方が、人間の言動パターンに影響して、それがツキの好循環や悪循環を呼ぶということを学んでいるが、これはまさに私の人生経験に合致する。自分はツイていると思い、自分を信じて行動できる人が、最終的に運やお金をつかむのである。

自分は科学的、合理的な人間だと思いこんでいる人ほど、運やツキをバカにしがちだが、運やツキを科学的につかむ（少なくともつかみやすくなる）方法は存在するのだ。

一つでも使えそうだと思える習慣があれば、ぜひ実行に移して、お金とツキをつかむ一助としてもらえれば、著者として幸甚この上ない。

目　次

(2)

新しい「お金持ちの法則」

5章 「小金持ちから大金持ちになる」ための習慣術

——「たくさん釣り糸を垂らす仕事術」で成功を加速させる

図版作製　日本アートグラファー

1章　「ツイている人」には理由がある

――「運のいい人」と「悪い人」を分けるポイントを知る

(1)「ツキ」を科学する

「ものの見方＝認知」は、人間に予想を超えた影響を与える

「運がいいとか悪いとか、人はときどき口にするけど、そうゆうことって確かにある」とは、さだまさしの歌の一節そのままだが、これにはほとんどの人が漠然と納得するのではないだろうか。

「運がいい、悪い」などというと非科学的で、歌詞や文学や宗教の世界の話だと思う人もいるかもしれない。しかしその一方で、やることなすことうまくいく人や、チャンスをタイミングよくものにできる人のことを見聞きして、運・不運はあると思う人も少なくないだろう。

いったい「運の正体」とは何なのだろうか。

最近、アメリカの精神医学の世界で主流となりつつある認知療法の考え方では「ものの見方＝認知」が人間の心理に強い影響を与えていると考えられている。その結果、当の本人にも思いもよらなかった結果をもたらすと考えられているのだ。

たとえば「ツキがある、運がいい」と考えている人には、幸運としか思えないような好循環が起こり、「自分はいつも運が悪い」とひがみっぽい人には不運の悪循環が起こると考えられている。「泣きっ面に蜂《はち》」「弱り目にたたり目」など、困っているところに、さらに悪いことが重なるという意味のことわざと同じことを言っているわけだ。

なぜ、そんなことが起きるのかというと、ひがみっぽい人は、物事を悪いほうへとばかりしか捉《とら》えられないから、周囲の人にも無用の不快感を与えるし、自分も的確な判断ができない。結果として、物事が悪く循環してしまうのである。

逆に「運がいい」と思っている人は、物事をポジティブに捉えることによって、よいことが循環していく。

ひがみ根性が悪循環を呼ぶ

運・不運について、もう少し具体的に観察すると、ツイている人は「人に好かれて仕事も順調」で、ツイていない人は「ひがみっぽくて仕事も上手くいかない」という分け方もできる。

一例を挙げてみよう。

たとえば人気のなかった上司が「私も部長になったことだし、これまで無愛想だったけれども、もう少し愛想よくやっていこう」と、改心したと想像していただきたい。モデルはあなたの周囲にもいそうだが、それは誰でもかまわない。

ところが、部下がとてもひがみっぽくて「急に愛想がよくなったということは、こいつそろそろリストラを考えているな」と受け取ったとする。となると、せっかく愛想よくしたにもかかわらず、かえって鬱陶《うっとう》しがられたり、疑心暗鬼《ぎしんあんき》の目で見られたりすることになる。

そうなるとやはり部長のほうも人間だから、「なんだ、こいつらは。せっかく私がフレンドリーにやっていこうと思ったのに」と考えて無愛想な上司に戻ってしまうだろうし、部下は部下で、部長の態度が急変したことで「やっぱりリストラを考えて、急に愛想よくしただけだったんだな」と疑惑を増幅して受け止めてしまう。

夫婦げんかで、同じような悪循環を経験している人は少なくないはずだ。

（せっかくおれが仲直りしようと思っているのに）

（なにかやましいところがあるんじゃないの）

（その態度が気に入らない。いつもそうじゃないか）

（開き直るのね。やっぱり怪しい！）

無言のまま、こんな調子で展開する。つまりは、どちらが原因かはっきりしないが、「ひがみっぽいものの見方による悪循環」である。

人間関係の綾《あや》というもので、ひとたび悪く受け取り始めると、お互いに悪く受け取る悪循環がとても起こりやすい。どちらかがひがみっぽくなると、相手もそれを察知して、ちょっとムカつくわけだ。いじめられっ子だって、異様なすね方をするから、よけいいじめられる場合もある。

ちょっと嫌なことがあったとき、そこでひがみっぽくなったり、すねたり、不機嫌な態度を取っていると、相手の不機嫌を誘発するのである。

ちょっとした習慣

「ごめんなさい」の言葉は素直に受け止める

「理想化」と「こき下ろし」を行き来する人格障害

これは精神分析の世界では、この三〇〜四〇年間にわたってずっと話題になっている考え方だ。一方に攻撃的な感情や怒りの気持ちがあると、相手にそれが乗り移る。逆にすごく相手のことが好きだったり、関心を持っていたりすると、相手にも同じような感情が湧《わ》き起こる。

そんなテレパシーのような現象が起こることは、じつは珍しくない。精神分析の現場では、治療者と患者の関係でもしばしば起きる。

つまり、患者が治療者に腹を立て始めると、治療者のほうもなぜか患者にムカつき始める。逆に患者が治療者のことを好きになってきて「先生みたいないい先生に……」などと言われると、治療者のほうもつい嬉《うれ》しくなってしまう。

こうした「非言語的なコミュニケーション」を通じて、相手の気持ちを揺り動かすことは、人間相互の関係の中では当たり前のことだ。ところが、相手の態度や表情など言外に伝えられる雰囲気から、大きく気持ちが揺れ動かされるタイプの人がいて、これが激しい人は、「人格障害」と診断されることが多い。つまりトラブルが起きやすいのだ。

人間は誰でも相手の機嫌次第で、不機嫌になったり好意を抱いたりするものだが、しばしば見られる人格障害のパターンでは、それが過度に起きる。好きな人は徹底的に「理想化」するし、嫌いな人は徹底的に「こき下ろす」わけだ。

こうした人格障害の人が一人入院してくると、看護師さんの中で、ものすごく同情して「かわいそうな人なんだ」というファンみたいなグループと、「あんな憎たらしい患者はいない」というグループに二分されてしまうこともある。あるいは医師だけを理想化して看護師のことをこき下ろしたときなど、つい医師が「彼にもかわいそうな生い立ちがあるんだから、もうちょっと優しく接してやってくれよ」などと言ってしまうから、医師と看護師の仲が悪くなることも起きる。

職業として訓練を受けている精神科の医師や看護師でも影響を受けるのだから、不機嫌の誘発、連鎖といった悪循環は、一般的な人間関係の中では頻繁《ひんぱん》に起きるのだ。

「運が悪い」とひがんでいるとツキに見放される

結論から述べると「自分は運が悪い」「やることなすこと上手くいかない」「職場で貧乏くじばかり引かされている」などというマイナス方向の捉え方は、相手の悪い行動パターンを引き出しやすい。それがまた「自分は嫌われている」「疎《うと》まれている」と考えてしまうことで、悪循環に陥《おちい》っていく。

すねていたり、ひがんでいる人間に対して「すねていてかわいそうね」と、心を寄せてくれるナイチンゲールのような優しい人は、世の中にそうはいない。マザー・テレサのように本物の博愛精神の持ち主は、例外中の例外。残念だがそれが現実である。とりわけ同性の場合は、ますます同情を集めるのは難しい。

「運」がいいと思っている人は「好循環」

自分はツイている!
物事がうまく
まわる
周囲の好感度が
高くなる
他人に不要な
不信感を抱かない
物事をひがんで
受けとらない

一方で、「あいつはすごく人に好かれて得だな」と好印象や好感を与える人がいる。周囲に明るさや気持ちのよさを感じさせる人間は、周りからもすごくツイているように見えるし、実際、物事がうまくいくケースが多い。

自分がツイていると思っている人間は、物事をひがんで受け取ったり、すねて取ったりしないから、他人に対しても不要な不信感を抱かない。だから周囲から見ても好感度が高くなるし、結果、物事もうまく回る。「肝《きも》が太い」「腹が据《す》わっている」などと言われる人は、概して他人をあれこれと疑わずに信頼する。その素直さが信頼関係を作りやすくし、人望を集め、イザというときには多数の協力者が現われるのだ。

自分にとって望ましいことを呼び込むためには、まず自分が物事を悪く受け止めないこと。つまり、自分がツイている人間だと思っている人にツキが向いてくるのである。「自分はツイてないんだ」とか、「私はすぐ騙《だま》される」などと思っている人は、相手に無用な不快感を与えてしまうし、自分でも的確な判断ができなくなる。

ツキや運・不運というものは、じつは、人間の気持ちが生み出した「好循環・悪循環」のことなのだ。「ツイてないな」と思っているときには、不運なことが本当に起こるし、「ツイている」と思っているときには本当にラッキーなことが起こる。好循環、悪循環のどちらに入るかは、気持ちの持ち方にかかっているのだ。

ちょっとした習慣

この相手は信用できる、という視点で人に接してみよう

認知が歪《ゆが》むと自分と違う意見が聞けなくなる

人間の「情報処理能力」は、きわめて高い。

たとえば読者のあなたが通勤しているとき、都市部なら膨大《ぼうだい》な数の人とすれ違っているはずだし、行き交《か》うクルマや看板や広告や、とにかく膨大な情報量が目に飛び込んでいる。人間の視野はかなり広いし、しかもカラーで動画である。

さらに雑踏《ざっとう》の音や案内のアナウンス、クラクションなどなど耳からも情報は入ってくる。最新のパソコンでもとても処理しきれなくて、たちまちフリーズしてしまうほどの情報に、日々、人間はさらされているのである。

それでもまったく平気なのは、人間は無意識のうちに情報を縦横無尽《じゅうおうむじん》に切り取っているからだ。駅に向かって歩くとき、クルマや自転車に注意を払い、逆方向から歩いてくる人とぶつからないように意識は働いていたりするけれど、その他のことはあまり目に入っていないはずだ。

あなたが男性の場合、斜め前にいて同じ方向に歩いているのが、後ろ姿の素敵な女性なら気になるだろうが、グレーのスーツ姿のおじさんなら「眼中にない」という言葉がぴたりと当てはまるだろう。つまり、欲しい情報だけを瞬時に集める機能が備わっているのである。

これが人間の「認知」である。人間とは、自分に都合のいい情報を集めるもの、集めたがる存在なのだ。

だから、たとえば右翼の論客と左翼の信奉者の論議はなかなか嚙《か》み合わない。本来ならば、反対側の人の主張にも目を通したり耳を傾けたりするべきだろう。ところが左翼の人は左翼雑誌しか読まないし、逆に右翼の人は右翼雑誌しか読まない。これではますます考えが凝《こ》り固まってしまう。

賢い人間になろうと思うのなら、自分と違う意見こそ聞かないといけないのだが、都合の悪い意見は無意識に遠ざけてしまいがちなのだ。

「ツイていない」と思っているときに集めてしまう情報とは

この「自分にとって都合のいい情報」とは、「思いこみ」と言い換えてもいいだろう。自分が「ツイていない」と思っているときには、よくないことばかりが目についてしまう。自分のツキのなさを裏付ける情報ばかり切り取って、脳にインプットしてしまうのだ。

こうしてますます自分が不運であるとの確信を持つことになる。

もう一つ厄介《やっかい》なのは、認知が歪《ゆが》んでいると、「記憶の再生」まで変わってくることだ。ツイてないと思っているときは、ツイてない記憶ばかりが再生されるのである。

ある状況になると瞬間的に湧き起こってくる考えのことを認知療法では「自動思考」と呼ぶのだが、「部長は自分を嫌っている」と思った途端に、その証拠となるような記憶ばかりが思い浮かんでくる。

たとえば、「新年会の席で部長に酒を注《つ》がなかったのを恨《うら》めしく見てたな」「受付嬢と仲よくしてたのを、通り過ぎざまに嫌な目で睨《にら》んでいた」などと、部長に嫌われていることを裏付けるような悪い思い出ばかりが再生されるのだ。

人間の脳には、ちょっと信じられないぐらいの量の記憶が入っている。その中から、意識・無意識を含めて自分でセレクトして記憶を再生するのである。

逆に「幸運だ」「ツイている」と思っているときには、いいときの思い出ばかりが浮かんでくる。このことは恋愛を例に考えてみればよくわかる。

相手のことが大好きな時期は、「彼のいいところばかりが思い浮かんでくる」「彼女と行ったドライブは最高に楽しかった」などと、目を閉じればいい思い出ばかりが浮かんでくるものだ。

ところがひとたび嫌いになると、嫌なところばかりを思い出したり、相手の行動に対する嫌悪感が膨《ふく》らんでしまう。

つき合う以前、女性を口説いているときなら、「いけそうだな」と思うと彼女の行動はすべていいほう、つまり彼女も自分を好きに違いないと解釈してしまうし、反対に「ダメかも」「ちょっと厳しい」と思うと、「あの態度は拒絶だったんじゃないだろうか」「今日の電話の声は迷惑そうだった」などと、すべて悪いほうに考えてしまいがちだ。誰もが一度や二度は、こんな経験をしているはずだ。

ちょっとした習慣

恋愛でも受験でもいい、うまくいったときのことを思い出そう

運・不運は、じつは自分が作っている

この例からわかることは、人間の認知は、感情や気分によって、大きく左右されるということだ。情報の取捨選択から再生の段階まで、認知と感情の結びつきは非常に強いのだ。

さらに問題なのは、「自分はダメだ」「ツイてない」と思ったときに、多くの人は不運を補うだけの努力をしようとはなかなか考えないことである。逆に、努力してもまた無駄なんじゃないかと考えてしまう、つまり努力をしない理由にしてしまうケースが多いのだ。

好調な人、幸運だと思っている人は、この逆の行動を取る。いつもテストでいい点を取

っている生徒はその好例だ。「やって損はない」「やればできる」と思えるから、ますます勉強する。それがまた成績優秀な生徒と低迷する生徒の差をさらに広げていくのだ。

これが「好循環・悪循環」が生まれる際のメカニズムだ。偶然の不幸から歪んだ認知を持つと、ツキのなさを嘆く気持ちによってさらに認知が歪む。そして余計に気持ちは落ち込んで……、と「認知と感情のデフレスパイラル」が起きてしまうのだ。

偉人伝の主人公は、例外なく不運を乗り越えてきているけれども、奇跡的なほどの強固な意志の持ち主だったから成功したというよりは、「自分はダメだ」「ツイてない」と自分に見切りをつける悪循環に陥《おちい》らなかったから成功したのだと思う。

自分で生み出した「好循環・悪循環」を、世の中では「運」や「ツキ」という名で呼ぶ。「ツイてないことは、立て続けに起きる」「ツイていた。幸運が重なったよ！」と当たり前のように口にするわけだが、じつは運というものは、人間が考えている以上に、自分で作っている部分が大きいのだ。

知的な人ほど運をバカにするけれども、自分は頭がいいと思っているのにあまり成功していない人間の、負け犬の遠吠えという面もあるのかもしれない。

運、不運は実は自分が作っている

人間は、自分に都合のいい
情報を集める

○

「ツイている」と思っている
ときは、いいときの思い出
ばかりが浮かぶ

×

「ツイてない」と思っている
ときは、ツイてない記憶
ばかり再生される

認知が歪むと能力も発揮できない

もちろん、宝くじや忘年会のビンゴゲームのように、ツイていると思っていても当たるとは限らない種類のものもある。

しかし人間のコミュニケーションに関わること、たとえば上司との打ち合わせや顧客へのプレゼン、セールス、さらには異性を口説くときなどは、「ツイている」と思うときのほうが好結果が得やすい。いわゆる〝イケイケで絶好調〟という状態である。

商売運、金運、恋愛運など人間関係が作用するものはすべて、この「認知」が関わってくる。旅行運にしても、スムーズに楽しく旅行できるかトラブルでさんざんな目に遭《あ》うかどうかは、事前準備から始まって、旅を楽しめるような心理状態にあるかどうかが与える影響が大きい。

人知を超えた本来の「運」とは、宝くじのような純粋な抽選に限られるのであって、不運の多くは、自分の思いこみが呼び込んでしまった不運なのだ。

ギャンブルにしても競馬や麻雀《マージャン》のように、思考や判断が必要なものは、宝くじとは違って、運を自分で作り出している要素が大きい。「今日は勝てそうにないな」と陰々滅々《いんいんめつめつ》とした気分で競馬場へ向かったり、麻雀卓を囲めば、負ける確率は高くなる。

さらに認知の歪みは、判断力など「人間の能力」にまで大きな影響を与える。

知能テストの点も、抑うつ状態のときと調子のいい状態のときとでは、まったく違ってくる。うつっぽいときはノリが悪くて、「Aかもしれない、Bかもしれない」「これは間違っているんじゃないか」といちいち気になるのだ。これでは知能テストのようにスピードを争うものでは、量をこなせない。つまりは能力を発揮できないわけだ。

ことほどさように人間とは、「好循環・悪循環」を生み出しやすい動物なのだ。どこの国や民族でも「運」とか「ツキ」という意味の言葉はあるから、人間の普遍的な性質だと言える。

人間の認知は、「周囲の空気や感情」によって変わる

昨今の日本では、自分がツイていないと感じている人が多いだろう。ＩＴだのバイオだの、科学技術が新局面を迎えた現代なのに、星座と運命を特集した女性誌が完売したり、

風水《ふうすい》がブームになるほど、運に期待したいという願いは世間に溢《あふ》れている。

その理由のひとつに、不景気感が人間の認知を変えていることが挙げられる。人間の認知は周囲の雰囲気によっても影響を受け、歪みが起きる。不景気だからツイていないと思うのだ。

バブル期のように、投資をすれば一〇人のうち八人が儲《もう》かる時代であれば、「ツイている」「イケイケどんどん」という認知をする人が増える。逆に、景気が悪くて投資をしても一〇人のうち二人しか儲からないとなると、「ツイていない」と感じる人が増える。不況という外的環境を「自分の運」に結びつけて考えてしまうのだ。

さらにそういう人たちが相互に悪影響を与えながら悪循環を起こして、後ろ向きな気持ちを抱く人が加速度的に増えていく。ちなみに不況は英語でデプレッションというが、これにはうつ病という意味もある。

こういうときは、救いを外に求めることが多いのだ。私は最近、日本や世界の動向に「ちょっと待てよ」と言いたいことがたくさんある。それは景気が悪いときのほうが右翼や、軍国主義が台頭しやすいということだ。昭和初期の大不況から第二次世界大戦へと至る経緯は、ご存じのとおりだ。

アメリカだって一九九〇年代、クリントン大統領の時代にＩＴや金融で、空前の好景気に沸いた頃は、積極的に戦争を仕掛けようという意識はあまりなかったように思う。同時多発テロが起きたのは、経済にちょっと陰りが見えたときで、その結果、一気に外敵を攻めたいという意識に収束した。

日本もバブルたけなわの、ロックフェラーセンターを買っていた時代には、憲法九条を変えろだの、国連で常任理事国入りすべきだなどとは声高《こわだか》に叫ばなかった。ところが不景気が長引くと、いつの間にか今のような議論になる。北朝鮮による拉《ら》致《ち》疑惑だって、彼らがバブル期に認めていたら「貧《ひん》すれば鈍《どん》する。ろくなことをしない国だ」と鷹揚《おうよう》に構えて、今ほど騒ぎにならなかったかもしれない。

ところが、経済が絶不調になって先行きが不安なものだから、自分たちよりダメな国を見つけてボコボコに叩《たた》いているようにも見える。北朝鮮の金正日《キムジョンイル》政権が実際に崩壊したらおびただしい数の難民が日本に流れ込んできて、治安が悪くなるというような事態を考慮しないまま、過剰なまでのバッシングに走っているのも、人間の認知が経済状況をも含めた「周囲の空気、感情」によって変わることの一例という見方もできる。

「貧すれば鈍する」の逆で、こんな例もある。ある広告プランナーは「プレゼンテーションするときには、胸ポケットに一〇万円を入れておく」のだそうだ。そうすると不思議と自信が出て、声に説得力が増すというのだが、そうしたことも当然起こりうる。人間というのは単純な理由で行動も変化するものなのだ。

ちょっとした習慣

ここ一番の会議のときは、胸ポケットに一〇万円を入れておく

人間は「悪い記憶」のほうが残りやすい

認知心理学や認知療法の世界では、運がいいと考えすぎるのも、運が悪いと考えすぎるのも、基本的にはよくないとされる。さまざまな可能性を考えられるようになりなさい、というわけだ。

しかし、図に乗って無鉄砲なことをやらないかぎりは、自分はツイてるとか、上手くいくと思うほうが、通常はスムーズにことが運ぶ。バランス的に言えば、いいことをたくさ

ん考えたほうがいい。もちろん、さまざまな可能性が考えられるようになることも大切なことなのだが、それは病気に対する治療の場合である。

いわゆる躁《そう》状態の人のように調子がよすぎたり、過剰な押しつけがましさで周囲に迷惑をかけたりしないかぎりにおいては、「自分はツイている」と肯定的な方向にシフトしたほうが適応的なのだ。

いい循環も悪い循環も雪だるま式に膨らんでいくのだから、「自分はダメだ、ツイていない」と思っている人は、あるところでそれを止《や》めないと、一生不運がついて回る。

ただ、よほど能天気な人でないかぎりは、悪い記憶のほうが残りやすいのも事実である。おそらく人間には、いい記憶より悪い記憶のほうが残るような生物学的なプログラムがあるのだと思う。たとえば毒キノコを食べて苦しんだり、向こうみずに高いところから飛び降りて怪我《けが》をするような体験は、しっかりと覚えておかないと、種として絶滅してしまう。その意味で、上手くいった記憶は残りにくい。生命に関わることは少ないからだ。

しかし、認知によって、人間関係に影響が出たり、自分自身の能力が変わったりするのもまた、人間の人間たるゆえんである。いいときのことを覚えていて、「ツイている」「上手くいく」とよい方向で考えていくことが、ツキを呼ぶきっかけになる。

長所を見つけ徹底的に伸ばすのがプロ

囲碁や将棋、ゴルフ、野球、サッカー、なんでもいい。プロとアマチュアの一番の違いがどこにあるかおわかりだろうか。

しばしば指摘されていることだが、アマチュアを極めるのは「欠点がない人間」であり、プロは、「長所を思いきり伸ばしていける人間」なのである。勝負事であれスポーツであれ、一芸に秀《ひい》でて食べていこうと思っているプロは、多少の欠点に目をつぶってでも、自分の長所を徹底的に磨く。

一方、アマチュアであるかぎり、「ああ、ここがよくない。あそこが悪かった」と、欠点を直すことに専念するわけだ。だから、世間的に見るといわゆる〝上手な人〟になるのだけれども、メシが食えるレベルには絶対ならない。〝アマの帝王〟のような称号の持ち主であっても、それは変わらない。

受験生にも同じことが言える。センター試験のようなテストに強いのは、基本的にはアマチュア的な発想の受験生だ。弱点を克服し、欠点を減らしていけば確実に点が取れるタイプのテストだからである。

ところが難関大学の入試では、得意科目で思いきり点を取っている受験生のほうが強いものだ。全部を均等に勉強するのは困難だし現実的ではない。いかに長所を伸ばして、得意科目でドンと点が取れるかが合否の分かれ目になる。

弱点がない代わりに絶対の得意科目もない。地方の秀才が東大入試に弱い理由がこれだ。私は、受験生が戦略的な思考と実践法を磨くトレーニングとして、東大の入試問題はいいテストだと思っている。

いいときのことを覚えておける能力と同じように、自分の長所がよくわかっていることもまた、ツキを呼ぶ力になることは、人間の認知という観点から明らかだ。

受験に強い人間、弱い人間

そういう意味では、いわゆる試験に強い人間、高学歴の持ち主は、ただ勉強ができるだけではなく、ツキを呼び込む何かがある。同じように勉強ができるのに、試験に弱くて難関大学に合格できない受験生もやはりいる。

なぜ私が東大の入学試験を評価するかというと、単なる学力テストだとは認識していないからである。たとえばセンター試験のような、戦略も何もいらない易《やさ》しい学力テストで、上位から三〇〇〇人は東大、京大で、次の三〇〇〇人は一橋で……、というのなら大反対だ。

東大入試は東大用の戦略や、自分自身の能力の適切な分析能力が必要になってくるところがおもしろいのだ。だからこそ学力でははるかに負けていても逆転は可能だと、私はいろいろな受験指南書で繰り返し書いてきた。

春になるたび、「まぐれで合格した」「あいつは運がよかった」と囁《ささや》かれる学生がキャンパスに現われる。しかし彼、彼女たちは「運を呼び込むような勉強法」をした結果、合格を勝ち取ったのだ。もちろん圧倒的な学力や努力で受かる人もいる。だが大学時代には、意外にも、そうした地方秀才系が伸び悩む。

卒業後も、自分の長所を見つけて伸ばすことに無自覚なので、一流企業に就職しても沈没していく会社になすすべなくしがみついてる人が大勢いる。本人はツキがないと思っているかもしれないが、人生の要領も悪いのである。

試験に強くなるということは、ツキを呼び込む訓練を受けていることにも重なる。たとえば二〇〇六年七月、サービス開始から二年半で登録会員数が五百万人を突破して話題になった、ミクシィの笠原健治《かさはらけんじ》社長は東京大学、楽天《らくてん》の三木谷浩史《みきたにひろし》社長は一橋大学と、いずれも難関大学の合格者である。おふたりとも卓抜したアイデアと実行力、一流の経営手腕の持ち主であることは言うまでもないが、運を味方につけることでも一頭地《いっとうち》を抜いた存在だと思う。だからこそ、変転の激しいITビジネスで、大きな成功を収めているのだ。

プロにならないと食べていけない時代

時代背景は大きく変わっている。

サラリーマンの八割が終身雇用で年功序列だった時代では、欠点がない人間のほうが商品価値が高かった。総務出身者が社長になるような時代は、「ベストアマ」こそが期待された。誰よりも秀《ひい》でた長所があったところで、特別に抜擢《ばってき》されるわけでもなければ、高給を得られるわけでもない。むしろ優秀な「出る杭《くい》」は、周囲との軋轢《あつれき》を生じ、その結果人事部に疎《うと》んじられたりしたものだ。

ところが現代は、経済アナリスト、森永卓郎《もりながたくろう》氏が説くように「一人の勝ち組・年収一億円と、九九人の負け組・年収三〇〇万円」に分かれる時代である。欠点のないベストアマでは、年収三〇〇万円に甘んじるしかない。

極端なことを言えば「プロにならないと食っていけない時代」なのである。今どき二～三年で異動しつつ昇進していくような、平均点の高いゼネラリスト（八方美人）養成型人事システムを墨守《ぼくしゅ》しているのは、役所ぐらいだろう。

エスキモーに冷蔵庫を売ったり、砂漠で樹木伐採《ばっさい》用のチェーンソーを売るようなモーレツ型だけが必ずしもプロとは限らないが、セールスのスペシャリスト、マーケティングの達人、凄腕《すごうで》のエンジニアなど、他の人では置き換えられない存在になれるかどうかで、食えるかどうかが決まる。それには、多少の欠点をこまごまと直すよりも長所を自分で見つけ、とことん伸ばしていく人のほうが強いのだ。

これは「ツキが呼べる人」と重なる資質であることが、おわかりいただけると思う。

一般的に日本人の特性として、自分の欠点に対して悲観的だったり、長所を伸ばすより短所を直すことが得意のように言われているが、そうではない。

世界中で大ベストセラーになった『EQ』（講談社）の著者、ダニエル・ゴールマン氏によると、アメリカ人でも自分の欠点のほうを気にする人が多いという。

やはり人間は、成功よりも失敗を記憶し、自分の長所よりもつい欠点が気になってしまう動物なのである。それだけに、自分で意識して認知を変えていくことが大切だし、また効果的なのだ。

ちょっとした習慣

自分の優れている点、好きなことをいつでも人に言えるようにしておこう

自分の長所を見つけられない人は、どうするか

「でも、自分には長所が見つからない」と嘆く人もいるかもしれない。認知の歪みとしては重症だが、それでも悲観しなくても大丈夫だ。

心理療法のひとつで、とくに対人恐怖症に有効なものとされている「森田《もりた》療法」の考え方では、人間の長所と短所は、じつは同じ性格の表と裏の関係であると説明する。この療法を作ったのは、東京慈恵《じけい》会医科大学の初代精神科教授になった森田正馬《まさたけ》先生だが、彼の

主張は「欠点として矯正《きょうせい》するよりも、いい面に注目して性格を活かそう」というものだ。

たとえば「神経質性格」の人は、心配性で不安や苦痛に過敏だし、取り越し苦労が多い。また消極的で、引っ込み思案になりやすいのだが、裏を返せば、その性格は先々のことによく気がつくという長所でもある。

「執着性格」は融通《ゆうずう》が利《き》かないし、気持ちの転換も苦手だけれども、逆に言えば頑張り屋で粘り強く、責任感があるということになる。

「自己内省的な性格」は、体の不調から運の悪さまで、自分の欠点に目が向きやすいのだが、それは自分を客観視できて反省もできるという長所に他ならない。

「向上欲の強い人」は完璧主義になりやすい。多少上手くいっても満足することがないけれども、逆にいえば努力を惜しまないという長所になる。

人間の性格は表裏一体なのだが、ツイている人は性格のプラス面が出て、ツイていない人は性格のマイナス面が出ているのである。

私はよく受験生から「落ちるのが不安で不安で仕方がありません」という、受験相談ともカウンセリングともつかない相談を受ける。そこで森田療法の考え方を当てはめて、そんな不安にも、メリットとデメリットがあるという話をする。

不安だから人間は勉強するわけで、不安であるのは悪いことではない。しかし、不安に囚《とら》われすぎると勉強が手に付かなくなり、試験でも運を逃してしまう。だから不安を起爆剤にして勉強する人が合格する。逆に不安じゃない人は、試験の本番でも見直しなどしないから、単純なミスで落ちてしまう、などという話をすると自然に納得してくれる。

「執着性格」が強すぎて、苦手科目にこだわりすぎたりする受験生は落ちるけれども、辛抱強く勉強したり、徹底的に掘り下げる人は受かる。「自己内省的な性格」も、弱点ばかり気になっている人は落ちるが、「この得意科目で点を取っていこう。そのためにはこんな勉強が必要だ」と、自分の特性や考え方など客観的に眺められる「メタ認知」が働く人は受かる。向上心と強い欲求が試験には不可欠だが、完璧主義に陥って現実離れをした目標を立てていては合格はおぼつかない。

どんな性格でも、いい面をしっかり認知して伸ばせばいいわけで、先に述べた「プロの資質」や「ツキを呼ぶ人の条件」にも完全に重なるのだ。

自分を変えていける人に、ツキも転がり込む

ここであらためて「メタ認知」について、触れておこう。

最近は、「自己認識」という言葉が研修業界で流行《はや》っているので、多くの人が「自分を知りなさい」などと指導されている。メタ認知もそれと同じようなものと思っている人も少なくないのだが、それは違う。

たしかにメタ認知とは、自分の行動や考え方、知識量、特性、欠点などを別の次元から眺め認識する能力のことだが、そこには「知識」と「活動」という二つのステップがある。ここが単なる「自己認識」とは決定的に異《こと》なるところである。

「自分の得意科目は英語で、不得意科目は数学だ」「企画力はあるが、営業力はない」「私は同時に二つのことをするのが苦手だ」などの認識を「メタ認知的知識」という。「彼は自分のことがよくわかっている」という場合は、メタ認知的知識レベルが高いことを指しているわけだ。

しかし、あらゆる知識がそうであるように、頭の中に貯《た》めこんでおくだけでは値打ちが

メタ認知とは？

第1ステップ

メタ認知的知識

自分のことがよくわかっている状態

「私は計算ミスが多い」

第2ステップ

メタ認知的活動

知識を利用して「自己修正」する

「じゃあ、計算練習をすればいい」

半減する。「役に立たないムダ知識」を謳《うた》って人気のテレビ番組『トリビアの泉』も、次の日に誰かに話してこそ、「へぇ〜」と言ってもらえて、コミュニケーションを円滑にするのに役立つのだ。

とりわけメタ認知的知識は、使わないでいるなら意味がない。

「自分は計算ミスが多いから、いつももったいないところで点が取れない」と思うなら、「じゃあ計算練習をすればいいじゃないか」と誰でも考えつく。「物理が苦手でどんなに勉強してもできません」というのであれば、合計点で受かればいいんだと考えて、物理は捨てて他の科目で勝負するという作戦も立てられる。

肝心なことは、それを使って自己モニターをして、その結果を利用して自己修正することだ。それが「メタ認知的活動」だ。

具体的には、日頃から「〇〇だったらいいのになあ。では、どうすればいい？」と考えるクセをつけることだ。もちろん行動が伴わないのではダメだが、簡単なことから繰り返し習慣づけることである。

自分をモニターして問題点を把握するだけでは、メタ認知的知識にすぎない。メタ認知的活動は、その知識を利用して「自己修正」をしていくことであり、この両者が揃《そろ》ってこそのメタ認知である。

つまり「ツキのある人」「運のいい人」とは、「自分の長所を伸ばせる人」のことであり、さらに付け加えれば、「自分を知って自分に修正を加えていける人」、ということになる。

多かれ少なかれ、人間は変わるものだ。もし十代、二十代の頃からまったく変わっていないとしたら、その後はろくに経験も積まず、成長もしなかったと言うのに等しい。自分をしっかりとメタ認知的に認識し、その結果、自分を変えていく。これができる人にはツキも転がり込んでくるはずだ。

ちょっとした習慣

「ではどうしたらいい？」と考えるクセをつけよう

「偉くなっても頭を下げられる人」はツキが循環する

「衣食足りて礼節を知る」ということわざがあるけれども、金持ちになると性格がよくなる人と、性格が悪くなる人の二種類がいる。

少し裕福になったり、地位が上がったりすると威張ってしまうケースは決して少なくない。サラリーマンでも少し出世すると急に居丈高《いたけだか》になる人もいるけれども、私の周りでも年収が数億円になると、やたら鼻息が荒くなって驕《おご》り高ぶってしまう人が多い。銀座で威張り散らして嫌われる成金のパターンだ。こうなると、遠からずツキが落ちてしまう。

傍若無人《ぼうじゃくぶじん》に振る舞い、役人たちを好き勝手に怒鳴りつけたり、ときには暴力まで振るっていた国会議員が、ツキが逃げていって塀の中に落ちてしまうような例も後を断たない。

逆に、金持ちになったり社会的地位が上がっても、偉ぶらず、さらに謙虚になる人がごく稀《まれ》にいる。金持ちになってさらに頭を下げるタイプで、こちらは「ツキの好循環」が続くのだ。近年で、典型的な例は、故・小渕恵三《おぶちけいぞう》首相だろう。

就任したばかりの頃は、大変な不人気総理だった。言葉は悪いが、バカにされていたといっても過言ではない。「冷めたピザ」「ボキャ貧」「真空総理」などと野党やマスコミからさんざん揶揄《やゆ》された。

だが、次第に不思議なくらい人気が出た。その理由のひとつが「ブッチホン」だった。突然、総理本人から電話がかかってくるのである。それも、ちょっとした意見をメールした市井《しせい》の人にまで、こまめに電話してお礼を述べたのである。

これには誰もが仰天《ぎようてん》するだろう。総理大臣から電話がかかってきて、お礼を言われたら、誰だって感激するはずだ。

今太閤《いまたいこう》と呼ばれた故・田中角栄《たなかかくえい》氏は、田んぼの中に革靴で入っていって、泥だらけになりながら、農作業をしている人たちと握手した。誰もが「おらが村の総理大臣が、どろんこになって握手してくれた」と、感極まって強力な支持者になった。

頭を下げることで、偉い人はより賢《かしこ》くなる

偉い人に頭を下げられると嬉しい——人間はきわめて単純にできている。この真理を理

解していると、裕福になったり、地位が高くなったときに、ツキが好循環を続ける。

実際、偉くなればなるほど、頭を下げる価値は上がる。

最近は、年に何度も企業の不祥事で、謝罪会見が開かれる。このとき、壇上で頭を下げているのは、社長以下、担当役員、広報部長といったところだろう。実質的な責任者を個人攻撃から守る意味もあるけれども、偉い人に謝らせたほうが上手くいくという暗黙の合意があるのだ。日本型組織の特徴で、責任の所在は曖昧《あいまい》だとみんなわかっているのだが、とりあえず偉い人が頭を下げると一応は収まる。

謝るだけではなく、頭を下げることで偉い人はより賢くなり、さらに偉くなる。ここにもプラス方向の循環が起きる。なぜなら、地位が上がれば上がるほど、良質の情報を得やすくなるからである。新入社員が先輩にものを尋ねてもうるさがられるケースもあるだろうが、社長が部下にものを尋ねれば、懇切丁寧《こんせつていねい》なレクチャーを受けることができるのだ。

ところが、威張って頭を下げなくなる人は、わからないことを誰かに尋ねようとしないし、やがて聞き心地のいいことだけしか受け入れなくなってしまう。寓話《ぐうわ》の『裸の王様』で王様が、「愚か者には見えない服」を着せられたのは、こびへつらう側近ばかりに囲まれたのが、そもそもの発端《ほったん》だった。

金銭欲や出世欲の動機として、「他人を従わせたいから」「威張りたいから」という人もいるだろう。だが、「頭を下げる価値が上がるから」「人にものが聞きやすくなるから」という動機があってもいいはずだ。

こういう動機を持っている人は、間違いなく「ツキの好循環」を続けていける人だ。

ちょっとした習慣

にっこり笑って頭を下げる。それだけで幸運は近づいてくる

(2) 新しい「お金持ちの法則」

「自分はツイている」と思える人が生き残る時代

お金についても、「好循環」が大事だ。「この人とつき合っていると儲かる」というイメージがあれば、そこにお金が集まってくる。

ことに現代は、株式市場でお金を集める「直接金融」の時代である。「この会社は業績を上げそうだ」と思われたとき、株は買われて高騰《こうとう》する。お金がお金を呼び込む好循環が生まれて、時価総額がたちまちのうちに膨らむのである。逆に、よくない噂《うわさ》で嫌われると、あっという間に時価総額は収縮する。株式市場は一種の「人気投票」なのだ。

以前のように、銀行が間に入って資金を調達する「間接金融」なら、銀行は「土地」という担保がないかぎり融資をしなかったので、企業の価値にツキが関係することはほとんどなかった。銀行のアホみたいな「土地担保主義」がバブル経済を生み、その後の長期停滞を生んだのだが、その話はここでは横に置く。とにかく、ツイているように見えるから銀行が金を貸すということは、これまではありえなかった。

ところが直接金融というのは、ツイているように見える人のところに金が集まってくるシステムだ。今や、市場で好かれるかどうか、ツキが循環するかどうかが、勝負の分かれ目になっているのである。

ソフトバンクや楽天などのベンチャー企業は「成長を続けている」という成長神話を投資家に植え付け続けることが一番大事であり、そのために買収を繰り返して、拡大・成長しているように見せ続けているのだ。こうした経営が可能になったのは、ここ数年、日本でも株式市場という「直接金融」が多少なりとも成長してきたからだろう。

これからの時代は、「自分はツイている」と信じて「ツキの好循環」を維持している人のところに、ますますお金が集中する。不況が続けば、ほとんどのところは儲からないわけだから、行き場を失ったお金が「好調そうなところ」に集まるのは当然だ。こうして「一人勝ちの時代」がやってきているのだ。

そんな中で、「自分はダメだ、ツイていない」などと思っていれば、簡単に「不運のデフレスパイラル」に陥ってしまうし、そこから抜け出すのは容易ではない。

ちょっとした習慣

不況のときこそ、お金儲けに精を出そう

ツキがあると思えればこそ、チャレンジできる

冒頭でも述べたことだが振り返ってみれば、私自身、運がいい人間だと思っている。とはいえ私が生まれ育ったのは、別な本でも書いたことだが、ごく普通のサラリーマン家庭である。父の転勤に伴って、小学校は六回も転校した。勉強が得意で運動は苦手、しかも周りに適当に合わせてニコニコすることもしなかったから、どこへ行っても仲間はずれにされた。

灘《なだ》中には五番というかなりいい成績で入ったものの、途中で急降下して中・高時代は劣

等生だったこともある。だが、大学受験に際して「暗記数学」のような現実的な勉強法を編み出して、東大理Ⅲに現役合格した。私たちの大学時代は、出席をまったくといっていいほど取らなかったから、徹底的に映画作りとアルバイトに精を出したのだが、幸運にも六年で卒業もできたし、医師国家試験にも合格した。

書いていると、最初と最後だけが立派な〝キセルのような青春期〟だったと思う。

それ以降も決して順風満帆《じゅんぷうまんぱん》だったわけではない。家庭教師をきっかけに、中高一貫名門校生専門の塾を作って成功させたものの、共同経営者に乗っ取られたこともある。研修医になると、学生時代のように家庭教師のアルバイトや雑誌のライターで稼げなくなって貧乏になるのが嫌で作った塾だったから、困ったなとは思ったけれども、「自分の商才」を信じていたから、そこで腐ったりはしなかった。

しばらくして『受験は要領』（現在、ＰＨＰ文庫）という本がボンと売れ、読者の質問に返事を書ききれなくて始めた「受験勉強法の通信教育」が大ヒットした。

正直なところ、自分の努力の結果だから当たり前だと、思ったこともないわけではない。東大に合格したときだって、自分独自の勉強法を開発したのだから当然だ、とも思うわけだが、やはり自分にはツキがあると思えればこそ、世間一般のレールから離れて新しいことにチャレンジできるのだ。

受験の最高峰といわれる東大理Ⅲに入った連中の多くは、同世代だと「どこかの大学教授になりたい」「できれば東大教授に」と、出世競争のただ中にいる。東大医学部という受験勉強の最強ブランドも、年収にすれば一〇〇〇万～一五〇〇万円くらいだろうか。それが少ないとは決して思わないが、最強ブランドの割には地味で手堅い道を歩んでいることは間違いない。

私のように医者だけでは満足できずに、ベンチャー起業家として、決して手堅いとは言えない道を行くには、「自分は運がいい人間だ」と思えなければ、怖くてやっていけない――つくづくそう思うのだ。

ユダヤ人に学ぶ「常に自分を信じる生き方」

「一生分の運を使い果たした」「もうこんな幸運には巡り会えない」などという人がいる。しかしこれは「ツイてない論者」の考え方だ。

ツキとは好循環だという考え方からすると、「運の総量」は有限ではない。これこそが、

成功体験が重要

よくないことがあっても「ツイてない」と思わない

↓

そのためには
自分の能力や価値を信じる

↓

そのためには
小さな「成功体験」が重要

成功できない人の基本パターン、ウィン・ルーズの考え方だ。悪循環に陥ってしまった人の運はコーヒーカップ一杯分ほどかもしれないが、好循環が続けば、運の総量は風呂桶《おけ》にもプールにもなる。これが成功者に共通するといわれる、ウィン・ウィンの考え方だ。

それなのに、なぜ、運の総量などという考え方が出てくるかというと、先にも触れたように、儲かった途端に威張ったり、偉くなると急に人の話を聞かなくなるような、人間の悲しい性《さが》があるからだ。だから浮き沈みが起こるし、ピークが高ければ谷も深く、「合計するとチャラかマイナス」といった事例が目につくためだ。

私の場合、塾を乗っ取られたときも、もちろん悔しいけれども、「少なくともアイデアは金になったんだから、自分にはビジネスのセンスがある」と思ったわけだ。「こんなに儲かることって二度と思いつかない」などとは考えもしなかった。

どうすればいい方向に考えられるのかと言えば、その根底にあるのは「自分の能力や価値を信じること」に尽きると思う。

ユダヤの格言を読んでいると「自分を信じよ」という文言が繰り返し繰り返し出てくる。ユダヤ人の子育てというのは、「自分を信じろ、そして勉強しろ」という考え方に貫かれている。だから彼らは学問をするにしても、商売をするにしても、迷わず集中できるのだ。

上手くいっていた会社を乗っ取られたり、追い出されたりしても、意気軒昂《いきけんこう》に再起を果たす人はときどきいる。

たとえば元メイテック社長の関口房朗《せきぐちふさお》氏は、創業者でオーナー社長だったのだが、突如、取締役会で解任決議された。その後、メイテックと同業の新会社ベンチャーセーフネットを立ち上げ上場までさせている。あるいは、大阪でワックスの製造問屋ケントクを創業した鈴木清一《すずきせいいち》氏は、会社を順調に発展させたものの、アメリカの大手企業ジョンソンワックス社に吸収されている。だが、ほどなくしてダスキンを設立、再起を果たしたのだ。

おそらくこうした先輩方は、逆境にあっても自分のビジネスの才能や価値を疑わなかったに違いない。多少の失敗はあっても、また別のことをやれば上手くいくと思えるのは、一種の楽天性かもしれない。だが、頭の訓練次第で、自分の基本的モードを好循環に修正することはできる。天性の資質とは別に、意識することによっても「自分を信じる生き方」は身に付けることができるのだ。

人間の「脳」と「能力」から見たツキ

ツキを呼ぶのは頭の訓練次第、などというと「頭がよくないと運も悪いのか」とがっかりする人もいるかもしれない。

だが心配には及ばない。人間の頭の善し悪しには、さほど大きな差はないことが認知科学の研究から明らかになっている。そのひとつが「七チャンクの法則」である。

チャンクとは肉や材木などの大きな塊《かたまり》といった意味だが、人間は七プラスマイナス二単位の塊しか覚えられない、という法則だ。つまり、意味のない数字の羅列《られつ》やランダムに文字の並んだパスワードは、どんなに頭のいい人でも九桁《けた》までしか覚えられないし、かなり頭が悪くても五桁は覚えられるというのである。

わざわざチャンクという言葉がついているのは、記憶できるのは「桁」ではなく「塊」の数だからだ。たとえば３２６５１０８４という数字の羅列は、でたらめに並んでいると考えれば八チャンクになる。このあたりが人間の記憶の限界だ。じつはこれは本書の編集部の電話番号なのだが、３２６５‐１０８４と分ければ二チャンクになって覚えやすくなる。

記憶力のいい人、勉強のできる人というのは、上手にチャンクを作ることができる人といっていい。

たとえば私の提唱する暗記数学も、チャンクにして覚えるのが秘訣である。数学の解法の暗記は、実際にやってみると想像していたよりずっと難しい。というのも一〇行、二〇行の数式を覚えないといけないからだ。

だからこそある一定の理解に基づいて「ああ、ここまではこんな展開をするんだ」「次はこういう式になるんだ」「最後はこうまとめるんだ」とチャンクにしないかぎり、丸暗記では絶対覚えられないはずだ。

英文を覚える際も、理解してないときは単語が七つ以上の文章を覚えるのはほぼ困難だ。意味や構文を理解しているから、単語が二〇くらいある文章が覚えられるのである。

人間の能力は限られていて、個人の差はそれほど大きくない。もっとも能力が高くても九、悪くても五と、差は二倍もない。しかし人間が覚えている知識量になると、その差は二倍どころではなくなるし、試験の成績でもとてつもない点数の差がついてしまう。

その原因が理解の差や、勉強法の違いであり、チャンクの作り方の巧拙《こうせつ》でもあるのだ。

そして、ここでもうひとつはっきりしてくるのは、人間は並列してたくさんのことを処理できないという事実である。上手にチャンクを作っても七つほどである。「ツイている」とプラス思考で考えているときには、マイナスの要因は考えられないし、悪く考えているときは、いいイメージの入り込む余地がなくなってしまう。

一つでも二つでもプラス方向で考えられたら、そちらにガラッとドミノ倒しのように変わっていくのが人間の特性なのだ。逆に悪く考え出したら、一気にそっちに走ってしまう。人間が好循環、悪循環を生み出しやすい生き物であることは、脳の機能や能力からみても明らかと言えるだろう。

ちょっとした習慣

天才と凡才の間に能力差は二倍もない。ツイてないときほど、自分の能力を信じよう

根拠は希薄でも「効く」のが認知科学

「運がいい」「ツイている」と思う根拠は希薄でもまったくかまわない。まず自分がそう思いこむことが大切なのだ。認知科学の基本は結果主義であり、原因は問わない。結果として「ツキの好循環」が続けばそれでいいのである。

この認知科学の考え方について触れておこう。

話は少し脱線するけれども、医者の世界では「風邪《かぜ》薬を発明したらノーベル賞」と言われている。ところが街の薬局を覗《のぞ》くと、市販の風邪薬が山のようにある。テレビでもさんざんコマーシャルをしている。しかし、その発明でノーベル賞を取ったとも、風邪の特効薬ができたとも聞かない。医者もそれを風邪薬と見なしていない。

なぜかというと、たとえば鼻水や咳《せき》を止めたり喉《のど》の炎症を鎮《しず》めたりするのは、あくまでも「対症療法」であって、風邪のウィルスを殺しているわけではないからだ。

近代医学の世界では、コレラであればコレラ菌を、エイズであればエイズのウィルスを殺すといった、原因にさかのぼって対処することが求められる。あるいは認知症なら、認知症になるような脳の変性を止めることができて初めて、治療法が確立されたと認められるのである。

たとえば認知の人の記憶障害に、記憶力のトレーニングをすれば認知の進行が遅くなるとか、少し認知の始まった人が知能テストの練習問題をやっているうちに、知能テストの点数が少し上がるなどというのは、医学の世界では治療法とは見なされない。

対症療法というのは、医者の世界ではバカにされている治療法だったのだ。私が専門にしている精神医学も、医学である以上、同じ考え方に基づいて発達してきた。

これまでの精神分析の考え方だと「性格が悪い人」や「ひがみっぽい人」も、なぜそうなったか原因を突き止めて、それを解決しなければならないとされてきた。たとえば、小さいときに親の愛情を十分に受けられなかったので、心が十分に成長できずにひねくれた性格になっているのだろうと、過去を一生懸命分析する。

すなわち不安を精神安定剤の処方で緩和することは小手先の弥縫策《びほうさく》にすぎず、原因になりそうな過去のトラウマと向き合えるようにならなくてはいけない、などという考え方が盛んだった。ところがその方法で治療してみても、実際のところ、時間がかかる割に治りにくい。

その反省もあって今は、原因が何であれ、現時点でのものの見方や捉え方を変えていこうとする「認知療法」が注目されている。そのほうがよほどよく治るし、早く治る。しばらくして症状がまた出てきたら、そのときに治せばいいのである。心の治療法としては、緻密《ちみつ》に原因を探るよりも、とにかく治す、結果を出すことが重視されてきているのだ。

認知療法は最初はうつ病の治療から始まったのだが、やがて物事を悪く取って対人関係を悪化させたり、すぐカッとなるような「パーソナリティ障害」といわれる患者さんにも有効だとわかってきた。またいわゆる拒食症といわれる神経性食思不振《しょくし》の人に対してもこの治療が行なわれている。

原因が明らかではなくても、認知の仕方次第で人間の心は大きく変わる――これは事実である。病気の治療に有効なくらいだから、どれほど劇的に作用するか想像してほしい。

成功体験と「あげまん」の科学

私は耳たぶが大きくて、よく福耳だと言われる。福耳は、昔から金運のいい福相とされてきたが、もちろんそこに何の根拠もない。けれども「たしかにいわれてみれば金に困ったことはないな」と思って、悪い気はしない。

自分を肯定的に捉えるのは、こんな些細《ささい》なことでもいいのである。ただし、自分はツイているとと信じ込んで宝くじを買ったとしても、もちろん当たるわけではない。冷静になっておかなければならないのは、「完全に運次第のものが世の中にはある」、ということだ。競馬なども運の要素が強いものだが、馬のデータなどを見れば多少の予測はできる。だからこそオッズがつくわけだが、宝くじなどはすべてが運次第である。宝くじに当たるようになりたいと言われても、私にもその方法論はわからない。

けれども、自分は福耳だと思いながら商売をする、運がいいと思って気分よく仕事をすることには意味がある。そう思っていれば、認知の仕方が格段によくなり、それがまた、いい循環を呼ぶからだ。知的な人ほど「運」だの「ツキ」だのをバカにする傾向があるけれども、認知科学から見ると十分に納得できることなのである。

よくないことがあっても「ツイてない」「不幸だ」などと思わないで、悪い流れを断つ。それには自分の能力や価値を信じることだと先に述べた。

ではどうすれば、自分が信じられるようになるのだろうか。その回答のひとつが「小さな成功体験」である。試験に合格したり、資格を取ったり、仕事で褒《ほ》められるといった小さな成功体験が大事なのだ。ひとつひとつは小さくても、それを積み重ねることで、自分に対して自信が持てるようになる。「自分を信じる」ことができるようになる。そのことが次の成功を生むのである。

一般的に、東大の卒業生は自分に自信を持っている。入試を突破したというひとつの成功体験が「やればできる」「努力は報われる」という自負になり、次のチャレンジでも有利に働く。この繰り返しで「自信の好循環」が起きるわけだ。もっとも、そこで増長してしまうと、ツキも逃げていってしまうのだが。

また、人に認められる、褒められることも大事である。他者から評価されることは、半信半疑だった自信を確信へと変えてくれる。

くだけた例を挙げると「あげまん」と呼ばれる女性がいる。なにもその女性がオカルトめいて運を引き寄せて、つき合った男を出世させるわけではない。あげまんの女性は、肯定的に男を受け入れ、心理的なサポートをしてあげる。これが男には嬉しい。認知に大きないい影響を受け、つまり自信を持つようになり、その結果、ツキが舞い込むのである。

あげまんといわれる女性は「私がつき合う男は絶対に成功するのよ」などという自信を持っていて、それが男性の認知をいい方向に変えていくのだ。

男性に限らず人間は想像以上に単純なので、「私とつき合えたんだから、あなたは絶対成功するわよ」と言われるだけで、半信半疑ながらも、心のどこかで「やはりそうかも」と思うものなのだ。

ちょっとした習慣

自分を認めて励ましてくれるパートナーを確保しておこう

「占い」の賢い利用方法

「この人と結婚するかしないか、占い師に決めてもらう」という女性がいる。企業経営者の中には、経営判断を占い師に頼る人もいる。社員の採用に関しても占い師と相談する経営者がいて、それがバレると不合理だの非科学的だのと評判を落とす。

「なぜ、そんな大事なことを占いなんかに頼るのか」と多くの人は思うだろう。しかし権威者に自分の運を後押ししてもらう、自分の認知を変えてもらうのは、そんなに悪いことではない。迷っている、自信のない自分の背中をポンと押してくれる〝元気のつけ薬〟と考えればいい。

もっとも、そこで妙な商法に引っかかったり、判断が暴走して会社が倒産し、従業員が路頭に迷うことになっては困るのだが、そうでないかぎり、自分のツキに自信のない経営者にとっては、占い師は頼りになる存在なのだ。

結婚や新しい事業を興すなど、何か大きなことを決断するとき、性格によって行動は二つのパターンに分かれる。即断即決で、勢いのまま突っ走る人がいる一方で、考えに考えて九割九分自分の考えがまとまっているのに、最後の一分で決断ができない人がいる。

どちらの性格にも長所短所はあるわけだが、とくに後者の人は「占い」を最後の一押しに上手く使えばいいと思う。これからの時代は決断のスピードとともに、実際に「行動する」かどうかで人生の成功、失敗が分かれる。行動することが成功への第一歩なのだから、占いでも何でも、使えるものを使って背中を押してもらえばいい。

高名な占い師の見料《けんりよう》は一〇〇〇万円、二〇〇〇万円と、びっくりするほど高額だと聞く。しかし「その後押しのおかげで一〇億円稼ぐことができたのだから当然の成功報酬だ」と考える経営者も多いのだ。私などはそこまでの見料を払う気にはなれないが、背中を押してもらうことの大事さを証明するひとつのエピソードではある。

運がいいときこそ、上手くいった理由を考える

運よく物事が進んだとき、その好循環を維持したいと誰でも思うはずだ。そのためには、上手くいったとき、「あぁ、運がよかった」で片付けないことである。できなかったことを反省、分析することは誰でもするし、失敗したことはよく覚えている。それよりも、上手くいったときにその理由を分析しよう。

ツイているのにも理由がある。ここまで読んできた人は、そのことをよく理解されていると思う。

ということは、なぜツイているのか、運がいいのかを分析して、さらに実践・実行することで、「ツキの好循環」を維持できるし、もっと運をよくすることもできるはずだ。つまり45ページで説明した、「メタ認知的知識」と「メタ認知的活動」を交互に繰り返すことによって、運はさらによくなるのだ。

運がいいからといって、宝くじをドカンと買ったり、自分の思いどおりに世の中は動く

と思いこんで非科学的・非論理的な行動をとるのではなく、その理由を冷静に分析することが大切なのだ。

先に例で挙げた「偉くなっても頭を下げられる人」は、この分析が行き届いて、かつ行動として表わすことができる人だ。本当に性格がよくて、実るほどに頭《こうべ》を垂れる稲穂のような人も中にはいるかもしれないが、ほとんどすべての場合、計算が働いていると考えて間違いではない。

小渕さんにしても、田中角栄氏にしても、じつは緻密な計算がある。それがあざとく見えないところがキャラクターであり、人間的魅力といわれるゆえんなのだ。

人間には誰しも、他人から認めてもらいたいという願望がある。尊敬されたい、威張りたいはそのバリエーションだから、誰もが持っている心理である。それを抑えて頭を下げるわけだから、どこかでそれを発散したいのもまた必然だ。

その意味で、「家庭」は大事な要素だ。田中角栄氏にしても、家庭の中でメチャクチャに威張ることができるシステムを作っておいたから、もしくは心ゆくまで甘えられる愛人がいたからこそ、外で頭が下げられたとも考えられるわけである。

奥さんが威張っている家だと、家の外、つまり会社などで偉くなってもつい部下に当たったり、高慢な態度になる人は多い。昔から「よくできた妻をもらえ」と言われてきたのには、こんな理由もある。

ちょっとした習慣

「腰の低さ」をなくさなければ、ツキは続いていく

「考える」と「行動する」の間にある大きな溝

認知科学の基本は結果主義だから、原因は問わない。われわれ医師や心理学者は、つい原因で考えたがるのだが、結果のほうがはるかに大事なのだ。

たとえば二〇〇四年六月、日本中を震撼《しんかん》させた佐世保《させぼ》の小学生女児殺害事件も、「なぜそんなことを起こしたのか」「生まれ育ちにどんな問題があるのか」といったことを中心に議論が沸騰《ふっとう》したが、そんなことよりもなぜ事件を未然に防ぐことができなかったかと、私は残念でならない。

なぜならその後の報道を見るかぎり、この事件はかなりの確率で防げたからである。加害者の児童は、一週間前にも教室で刃物を振り上げているのだ。その時点できちんと対応していれば、殺人事件は起きなかった。ところがマスコミや心理学者は殺人事件が起きてしまってからその原因を探って、インターネットの影響だとか、日常の言動や文章から、ここで心理が変わってきただのと追っている。

ムカついたり、人のことを殺したくなるほど憎むことは誰にでもある。とくに子どもでは、死がどんなことなのかよくわかっていないのが普通だから、「ムカついたから殺してやりたい」という気持ちになるのも不自然とは言えない。むしろ、そんなことを思ったことのない子どものほうが、おとなしすぎるくらいなのだ。

大人の見るポルノビデオだって、「考える」と「行動する」の間に大きな溝があることを示す格好の例だ。痴漢もののアダルトビデオを見て鼻の下を伸ばしているからと言って、まず、ほとんどの人は実行しない。

つまり心の中にとどめておくのと、行動することとの間には大きな隔《へだ》たりがあるのだ。心理学でもっとも着目するのは、「行動に移した時点」である。なんらかの異常な行動に出たら、もうこれは赤信号中の赤信号なのだ。

「心の闇《やみ》」などの枕詞《まくらことば》がつくような事件では、ほとんど事前に加害児童は、問題となる行動を起こしている。一九九七年の神戸《こうべ》の酒鬼薔薇《さかきばら》も通り魔事件を起こしているわけだし、二〇〇三年の長崎の男児誘拐殺人も、その前から幼児にいたずらをしていた。小さな罪の時点で見逃さずに芽を摘み取れば、まず防げるのである。

佐世保の事件も、刃物を振り上げた時点が決定的な赤信号だった。これはもう明々白々だ。にもかかわらず「心の闇」「心の綾」「トラウマ」だのといった議論だけを繰り返していては、同じような事件は防げない。原因を探って対策を立てようとするのは、一昔前の心理学であり治療法とさえ言えるのだ。

「行動した人」だけが金持ちになれる

ビジネスの場などでは、とりわけ行動に移すことが重要になる。「実行することが大切」とは、耳にタコができるほど聞いているかもしれないが、つまりはそれだけ「考える」と「行動する」の間には、越えがたいハードルがあるということだ。

たとえば世の中にパソコンマニアはたくさんいる。その多くの人が「おれだって検索エンジンは考えてたんだ」と口にする。検索エンジンが普及するまでは「インターネット・イエローページ」と称する電話帳のような分厚い本に、ホームページのアドレスが載《の》っていたのである。

インターネットの膨大なデータから必要なものを探したい、とは誰もが思ったわけだし、特別に難しいソフトというわけでもないから、「考えていた」のは事実そうなのだろう。けれども、本当に実行した人だけが金持ちになれるのである。それがヤフーでありグーグルだった。

世界のパソコンを牛耳《ぎゅうじ》っているマイクロソフトのウインドウズも、「自分の持っているIBMのパソコンでも、マッキントッシュと同じように使いやすいものにしたい」という願望を実現しただけで、アイデアそのものは決して高いレベルではない。だが、ビル・ゲイツは本当に作って売った。完成度も高くはなかったけれども、本家のマッキントッシュより売れたのである。

何かアイデアがあったときに、実際の行動に移すか否か。行動しなければゼロだが、行動に移せば可能性は無限なのだ。

なぜ現代はますます「ツキ」が重要になっているのか

さらに最近は、起業資金が異常なほど安くなっている。つまり実行するためのハードルが低くなっているチャンスの時代なのだ。

その昔、起業して大金持ちになった例では、松下幸之助《まつしたこうのすけ》の「電池で長持ちする自転車用ランプを作ろう」から、フォードの「ガソリンエンジンで走る自動車を作ろう」まで、規模の大小はあれ、場所と生産設備、そして相応に大きな資金が必要なアイデアが主力だった。

ところが現代のアイデアでは、多くの場合、工場を建てる必要がない。「製造業」中心の時代から「サービス業」中心の時代へと、変化しているのだ。ということは、失敗したときもこれまでよりは損が少ないから、アイデアをいくつも試すことができる。一世一代の大勝負ではなく、たとえ一回失敗したとしても「ちょっとこの点がまずかった。今度はこうやってみよう」と再試行できるわけだ。

加えて、インターネットの普及で、ばかばかしいほどの宣伝費を使う必要もなくなってきている。しかも株式を公開するハードルも低くなっているわけだし、何かがひとつ当たって、儲かり始めたときは莫大なリターンが得られる可能性も高い。あるいは、IT産業そのものはヤフーやマイクロソフトの例を出すまでもなく、起業資金はきわめて小さい。旺盛な実行力の持ち主で、「自分はツキがない」と思っている人など、まずいない。「ツキがある」と思えるから行動に移せるのであって、「運が悪い」と思っている人は、恐ろしく実行力が乏しいのだ。

同じようなアイデアや才能があっても、実行力に乏しいと、たちまちに金持ちと貧乏の差が開いてしまう。実行することに、昔以上に大きなアドバンテージがあるのが現代なのだ。実行力を後押しする「ツキ」や「運」は、以前よりずっと大切さが増しているのである。

「褒《ほ》められたい」という動機のほうがお金を呼ぶ理由

さかのぼってみると、「ツキ」を呼び、金持ちへとつなげる方法は、たとえ根拠は希薄でも「自分を信じる」ことである。だから占いにも意味があるのだし、「小さな成功体験」

は、ささやかであっても、たしかな自信になる。

また、あげまんの女性のように自分を認めてくれる人の存在も重要だ。人間は単純なので、他者から褒められたり認められると、その気になる。

また、誰かに褒められるようなことは、お客さんを呼ぶ。お金そのものを動機にするよりは、むしろ褒められることを動機にするほうが、おそらく結果的にお金を呼ぶはずだ。

事実、そういう成功者がいる。

たとえば、ブリキのおもちゃコレクター、そして世界的にも著名な箱根おもちゃ博物館の北原照久《きたはらてるひさ》さんは「おもしろいからやっているんだけど、褒められたいという気持ちが子どもの頃から異様に強いんだよ」と、言っている。その気持ちが原動力になって、コレクションすること自体が仕事になったのである。

さらに言えば私は、行動の基準に「名誉」を置くことが、非常に大事だと思っている。お金を基準に置くとさまざまな弊害《へいがい》があるからだ。というのはお金は相続できるものだから、親がお金持ちであれば、どんなバカ息子、バカ娘でも努力なくしてお金持ちにはなれてしまう。

一方、名誉は先代が偉大で人望があっても、相続できない。もっとも日本では、先代の

「ツキ」を呼び、お金持ちになる方法

①自分を信じる

②自分を認めてくれる人の存在

③行動の基準に「名誉」をおく

名声のおかげで選挙に勝つ世襲《せしゅう》政治家が少なくないのだが、一般論としては名誉は孫子《まごこ》の代まで引き継げない。世襲できないから、努力が必要となる。

またお金は価値の尺度であり流通手段だから、日本で一〇〇億円儲けたら、アメリカに持っていってリッチな暮らしができる。だが、日本でいくら尊敬されている人でも、そのままアメリカで尊敬されるわけではないから、簡単には移住しないだろう。つまり、名誉が判断基準や行動の動機になっていると、簡単に国を捨てないのだ。

能力もお金もある人が、流出し続ける国に未来はない。その意味で、日本の価値システムの体系を名誉重視に変えるメリットは大きい。戦前までは名誉を重んじる気風が残っていたが、今はお金偏重になりすぎて、優秀な人材がアメリカに流出してしまっているのだ。

ちょっとした習慣

得意な分野では、いつも「褒められたい」と熱望しよう

「かわいげ」のある人間になるためには

　ところで、すねたりひがんだり、強がったりしても、そこがかわいいと思ってもらえるラッキーな人もいる。とくに女性は、かわいいと思ってもらえて許されることが多かったのだが、最近は昔と比べると、女性も世間も度量が下がってきたから、よほど上手にやらないとかわいげのある人だと思われない。演出だけでは難しい。

　この「かわいげ」は「ひがみっぽさ」を押さえて、ツキを呼び込む要素である。

「自分を信じることがツキを呼ぶ」、と繰り返し述べてきたけれども、だからといって自分しか信じてはいけないわけではない。むしろ、人に頼ってはダメだと思っている人からもツキは離れてしまう。そういう人は「かわいげ」がないのである。

　人間関係をスムーズにするためには、お互いに相手が自分のために何かをしてくれると期待しあっていることを、ないがしろにはできないのだ。精神科医で医学博士の土居《どい》健郎《たけお》先生は、有名な『甘えの構造』（弘文堂）の中で、他人に上手く甘えたり適度に相手を受け入れられない人は、人間関係が上手くいかないことを指摘した。

土居先生のいう「素直な甘え」が「かわいげ」であり、森田療法の森田正馬先生のいう「純な心」である。人に素直に頼れる人、失敗したときは素直に謝れる人が、そうした「かわいげ」の持ち主なのだ。

最初から「許してもらえるだろう」と思いながら謝ったのでは、「甘ったれるな!」「ふざけるな!」と叱《しか》られるだけだが、誠心誠意、謝ればかわいげも出てくる。

端的な例がクリントン元米国大統領である。事実、二〇〇四年秋に発売された自伝では、ホワイトハウス実習生との不倫やそれに対するざんげまで、率直に書いてあって驚いた。妻にも国民にも、素直に謝るかわいげのある人物だったから、倫理的にうるさいアメリカ人も許したのだろう。

「人に好かれること」がそのまま実利・実益につながる時代

スキャンダルからテレビの仕事を失ったタレントが、しばらくして復活することがある。法的に罪を償《つぐな》っているからといって、誰もが復活できるわけではない。極端な話、スカートの中を盗撮するという破廉恥《はれんち》な罪を犯しても、テレビに復帰できる人もいれば、できない人もいる。その違いが、やはり「かわいげ」にあるのだ。

逮捕後「ミニにタコ」のギャグを飛ばしていた人気タレントは、盗撮事件の後も一度は芸能界に復帰している。この人は、テレビで見せる顔とはまったく違い、楽屋などではすごく気が小さい人だったと聞く。女性に声をかけることも苦手で、若い女性タレントにちょっかいを出すこともなかったのだそうだ。

それだけに、事件後は有力なタレントやテレビ局員も同情して、早々に復帰している。もっとも、それが仇《あだ》になったか、その後、何度か事件を起こして引退してしまったのだが。

テレビコメンテーターも務める大学教授は、スカートの中を覗いたとして現行犯逮捕されたが罪を認めず、刑事裁判で争い、負けた後もまた事件を起こして、そこでも罪を認めていない。これでは、社会的な復帰はかなり難しいだろう。

潔《いさぎよ》く罪を償ってから、「ぼくは急に世の中に顔と名前が売れるようになったので、ストレスだらけで……」と、泣きの記者会見を開くほうが、テレビ界でもよほど生き残る可能性が高かったのではないかと思う。

素直さやかわいげは、「悪い循環」から脱出するに当たって、不可欠な要素なのだ。とくに今の時代は、嫌なヤツだと思われた途端に落ち目になるから、かわいげがあると思われて許されることはその対極で、大変にツイていることとなのだ。同じ借金王でも、城南《じようなん》電機《でんき》の故・宮路年雄《みやじとしお》社長とダイエーの故・中内㓛《なかうちいさお》会長の違いがそこだと思う。借金の額や社会的な影響を差し引いて考えても、中内さんは悪者のイメージができあっていたから、ダイエーも潰《つぶ》せという話に世間も納得するわけだし、ユニークな愛すべき人物として人気のあった宮路さんは破産状態になっても世間が同情したのである。

株価も含めて、昔以上に、人に好かれることに実利・実益が伴っているのが現代と言えるだろう。

2章　金を追うな、金に追われる人間になれ

——お金は「つきあい方」ひとつで、どんどん貯まってくる

「ストック型」の金持ちから、「フロー型」の金持ちへ

お金とのつき合い方を考える上では、いったい今がどういう時代なのか、はっきりと捉《とら》えておくことが大切だ。というのも、経済の中身が昔とはすっかり様変わりしているからだ。だからこそ現代は、やり方次第で驚くほどお金が入ってくるのだし、昔ながらの方法論だと、労多くしてリッチへの道は限りなく遠くなる。

少しマクロな視点で俯瞰《ふかん》してみよう。一昔前まではお金持ちとは、会社を経営しながらも、土地を持っていてマンションやビルを貸し、預貯金の金利で資産運用するような人が、その典型だった。不動産や、預貯金をたくさん持っている、「ストック型」の金持ちである。日本に限らず、世界の大金持ちはみんなそうだったのだ。

それが、この一〇年くらいで大きく変わってきた。資産は自社の株式で持ち、企業価値が高くなれば、そのまま資産価値も上がる「フロー型」の金持ちになっているのである。マイクロソフトのビル・ゲイツであれ、ソフトバンクの孫正義《そんまさよし》氏も、楽天の三木谷浩史氏も、現代の大金持ちはことごとくフロー型だ。

「ストック型」から「フロー」型へ

ストック型

不動産や預貯金を
たくさん持っている

↓

資産から利回りとして金を産み出す

フロー型

資産を自社株で持つ

↓

市場での評価が資産価値に直結する

両者の大きな違いは、ストック型が地代や金利の形で、資産から利回りとして金を産み出すのに対し、フロー型は市場での評価、人気が資産価値に直結している点だ。

西武《せいぶ》の堤義明《つつみよしあき》氏はかつて『フォーブス』誌で世界で六番目の金持ちとされたのだが、その背景は日本全国に持つ土地だった。株式に関しても、非公開の会社が上場会社の株式の過半を持って支配するという独特の経営手法を取っていたが、この方法が最近、やり玉に挙がっている。このことは、ストック型からフロー型への変化をまざまざと示していると思う。

また資産そのものも変化している。

〝ミスター円〟こと元・大蔵省財務官、榊原英資《さかきばらえいすけ》早稲田大学教授と対談したとき、こんな話を聞いた。アメリカでの有形資産と、無形資産の比率が大逆転したというのである。有形資産とは土地、工場、建物、自動車、機械など、目に見えるものと言ってよい。無形資産とは特許権や、ブランドなど、いわゆる知的所有権として知られるものだ。

二〇年前は、有形が七割で無形が三割だった。だがそれが逆転して、現代では有形が三割で無形が七割なのだそうだ。つまり、土地、工場、建物などを持っているからといって安心はできないのだ。

一例を挙げると、不可能と言われた青色発光ダイオードの発明を巡る争いがある。日亜《にちあ》化学は、工場を持っていて、発明に向けて投資をした。当時、社員だった中村修二《なかむらしゅうじ》氏は、発明後にアメリカで大学教授になったのだが、青色発光ダイオードによる利益から、およそ二〇〇億円を受け取るべきだという一審判決が出て話題となった（最終的には八億四〇〇万円を日亜化学が中村氏に支払うことで和解）。

私はこの判決が全面的に正しいとは思わないが、頭の中にある価値を非常に高く評価する裁判官が出てきたのは特筆すべきことである。有形資産を増やしていくという発想だけでは生き残れない時代が来ているのではないだろうか。

ちょっとした習慣

ニュースの背景を読んで時代の流れをつかむ能力を磨こう

「植民地主義」が終焉《しゅうえん》を迎えた理由

世界の国々を見ても、地下資源というストックをたくさん持つ国が経済的にも潤《うるお》っているとは限らない。むしろ貧乏であると言って過言ではない。

産油国を見ると、サウジアラビアやクウェート、アラブ首長国連邦など人口が思いきり少ない国はリッチだけれども、リビア、イラン、イラクなど多くの人口を抱える国は貧しい。経済的に困窮しているから、よけいに宗教へ拠《よ》り所を求める。

また、北朝鮮と韓国を比べても、地下資源では圧倒的に北朝鮮のほうが多いにもかかわらず、韓国のほうがはるかに豊かだ。

なぜそういうことになるのだろうか。著名な歴史学者でエール大学教授のポール・ケネディ氏の理論によると、かつては地下資源と加工品の価値の差が大きくなかったのだが、今や大差がついているからだという。つまり、地下資源があるだけでは豊かになれないというのだ。

たとえば、以前なら一億円分の鉄鉱石を買ってきて、それを鉄に変えると三億円になったとしよう。製鉄所を作り、人もエネルギーも投入して加工しても、三倍の価値しか生まなかったということだ。これでは、資源のない国がどんなに頑張って働いても、地下資源の埋蔵量は莫大だから、資源のある国のほうが相対的にリッチである。

だからこそ十九世紀の欧米列強は資源を確保しようとして、植民地の獲得競争に走ったのだ。軍隊を整備し、たくさんの軍艦を作ってどんなに費用がかかろうとも、資源にはそれだけの価値があったのだ。

時代が下って、たとえば一億円分の鉄鉱石から一〇〇億円分の自動車が生産されるようになったのが現代なのだ。資源はなくても、資源に付加価値を付けられる国のほうがはるかにリッチになり、単なる資源国は貧乏になってしまうのだ。

現代は鉄鉱石と自動車どころの差ではない。資源と製品なら、せいぜい一〇〇倍くらいの差だったのが、ソフトウェアのような無形資産となると桁《けた》が違ってくる。CD−ROM一枚の原価はおそらく一〇円もしないはずだが、ソフトウェアになると数百万円の値段が付くものも珍しくない。

そう考えてくると「資源を持っている国ほど豊か」という発想は、今や完全に過去のものだということがわかる。もっとも、ブッシュ大統領はいまだにその幻想に囚《とら》われて、イラクを欲しがった。無形資産の比率が高くなっているアメリカの起こした戦争だけに、皮肉な話である。

ソフトバンクが自動車会社を持っても不思議ではない時代

一言で言うなら、現代は「実体経済」から「株価資本主義経済」へと変化しているのだ。世界経済の動きから、企業や個人のレベルまで完全に様変わりしているのだ。このことを、まず理解しておく必要がある。

ストックをたくさん持っているからといって安泰《あんたい》ではないし、リッチでいられるとは限らない。ストック型の大企業は歴史もあって盤石《ばんじゃく》そうだが、そんな大企業には絶対に勝てないというわけでもない。

「そうは言っても今さら自動車会社なんか興《おこ》せないじゃないか」と、思うかもしれないが、そうとも限らない。たとえばソフトバンクの孫正義氏が自動車会社を作りたいと考えれば、M&A（企業の合併・買収）によってそれは可能である。その際、資金調達をしなくても、自社株を使ってM&Aが可能なように、会社法が改正されたのだ。二〇〇六年からは外国企業が現金ではなく自社の株式を使うアメリカ式の「三角合併」が解禁される。

自社株を使ってM&Aができるとどうなるか。たとえば韓国のサムスン電子の売上げ規模は六兆円（二〇〇六年）ほどだが、松下電器産業はおよそ八兆九五〇〇億円である。一方、時価総額は、サムスンが九兆三〇〇〇億円もあるのに対し、松下の時価総額は五兆八五〇〇億円にすぎない。つまり、売上げ規模の大きい松下よりもサムスンのほうが企業価値（投資価値）が高いと、株式市場、すなわち投資家が判断を下しているのだ。自社株を交換する形でM&Aができる時代になると、サムスンが、松下を吸収合併しかねないことになる。

極端な話、ペーパーカンパニーのような会社であっても、M&Aという形を取れば自動車会社などのストック的な資産を持っている会社を手に入れられるのだ。株式市場は人気投票であるがゆえに、どうしても新しそうに見える会社の時価総額が高くなるようにできているからだ。

なまじっかのお金があって、土地がある人間なんかより、頭の中のアイデアを魅力的にアウトプットできる人間にこそチャンスがある時代なのだ。

この「魅力的」ということに非常に価値があるわけで、そこが「ツキ」と重なってくる。魅力的な人が作った魅力的なストーリーのある会社であれば、何百億という金も集めることができるようになったのが、いわゆるITバブル以降の現代だ。

魅力で金を集める仕組みは、ITバブルが弾《はじ》けて終焉《しゅうえん》かと思ったら、意外にそうでもない。夢物語はまだまだ続いているのである。

ちょっとした習慣

頭の中のアイデアを自信を持って話せば魅力的な人間として輝いて見える

プロ野球界への新規参入が意味するもの

二〇〇四年は、プロ野球七〇周年という節目の年だったが、球団経営の意味が大きく変わる年となった。これまでストック型の企業が球団を所有してきたことの無理が噴出したのだ。

観客も入らないのに高い年俸を払い、大赤字になっても、親会社が宣伝費として面倒を見てきたのが、これまでの球団経営だった。ところが、親会社がそれに耐えきれなくなった。近鉄のような電鉄会社からすると、球団が垂れ流す年間四〇億円もの赤字は、宣伝費としてはとてもじゃないが無理があるといって投げ出したわけだ。そもそも電鉄会社にとってそれほどの宣伝費は必要ではないだろうし、近鉄の場合は本拠地を藤井寺《ふじいでら》から大阪ドームに移した時点で、近鉄沿線でもなくなっていたわけだから、観客を運ぶという意味さえも失っていたのだ。

一方、ライブドアは六月末に近鉄買収に名乗りを上げた途端、株価がボンと二倍以上に跳ね上がった。時価総額にすれば二〇〇〇億円を軽く超える金額が集まったことになる。宣伝費として高いとか安いとかのレベルではないのである。となると、たとえ一〇〇億円払っても、それ以上の時価総額の伸びが期待できるなら、米大リーグ、サンフランシスコ・ジャイアンツからバリー・ボンズ選手を引き抜いてくる可能性だって生まれるのである。

しかも、名乗りを上げただけで、まったくお金は使っていないのに、マスコミが報道してくれたおかげで知名度は抜群に高くなった。

結局、ライブドアはプロ野球への参入が認められず、「後出しじゃんけん」と揶揄《やゆ》されながらも、楽天が参入することになった。楽天の株価も、参入表明の直後から上昇して、時価総額は二〇〇〇億円以上増えている。

しかしすでに人気の陰りが隠せないプロ野球球団の経営に乗り出すよりも、タダで自社の宣伝をすることができたライブドアのほうが、楽天よりも結局得ではないかと私には思えるのだ。

ライブドアや楽天の参入に、プロ野球が揺れていたのと同じ時期、スーパーのダイエーは再建に行き詰まって瀕死《ひんし》の状態で、球団を売るだの売らないだのと騒がれていた。福岡ダイエーホークスは年間数億円の赤字を出していたが、当時の高木《たかぎ》邦夫《くにお》社長は「球団は絶対に売らない」と言っていた。これは当然のことだ。

その頃、親会社のダイエーは現金がないから、仕入れが上手くいかずスーパーに並ぶ商品の品揃えがよくない。値段も少し高い。しかも、登り調子でどんどん出店したのは二〇年くらい前なので、他のスーパーと比べて店が古い上に改修費用もない。と、三重苦にあえいできた。

イトーヨーカ堂と同じ地域に建っている店舗は、ほとんどといっていいほど負けていたらしいのだが、福岡ダイエーホークスの本拠地がある九州だけは、少しくらい高くても、店が古くて品揃えが悪くても、お客さんの入りがよかったらしい。もちろん優勝するたびにセールもできる。

こうした「付加価値」の総額を計算すると、球団の年間数億円の赤字などは相殺《そうさい》される。もし人気のある球団を売ってしまえば、株価だってますます下落するはずだ。球団の収支だけ見て一喜一憂《いっきいちゆう》したり、単純に宣伝費として見合うかという判断はできないのである。総合的に判断して、ダイエーには球団が必要だったのだ。

結局ダイエーは、産業再生機構に支援を要請して、事実上解体されてしまうことになり、球団はソフトバンクが買うことになった。ソフトバンクの孫社長は、日本ではもっとも早い時期から、時価総額経営を標榜《ひょうぼう》していた人物である。

そう考えると、プロ野球節目の年に起きた騒動は、ストック型企業からフロー型企業への劇的な変化を象徴的に示していると言っていいだろう。

フロー型の金持ちは、生まれながらの格差をなくす

ストック型の時代は、金持ちになるまでに時間がかかった。お金を貯めて土地やアパー

ト、ビルなどを手に入れて、それを元手にさらに膨《ふく》らませていくのが、金持ちへの常道だったからだ。「戦後のどさくさ」といわれるような混沌《こんとん》期でもないと、一代にして財をなすことは難しい。金持ちの親から資産を受け継いだ人とそうでない人の間で、スタート時点からついていた差を埋めるのは難しかった。

ところが、フロー型の金持ちの時代は、生まれながらの格差を意識しなくて済む。起業するにしてもドカンと大きなお金をかける必要がない。元手は少なくても、何かが当たったときに、株式市場は人気投票だから、爆発的に金が集まる仕組みがある。相続した資産の差など、一瞬にして乗り越えてしまう。

もちろん、金持ちの子どもに生まれて有利な点はある。ただしそれはストックではなくて、「コネ」なのだ。親の人脈を使えるところはたしかに大きな利点だ。

日本の一流企業には、財界系のサラブレッドのような一族もいて、新卒で入社したときから、社長へのレールを敷かれているような人もいる。恵まれているようだが、レールや仕組みが整っているだけに、五〇歳くらいまで待っていないといけないわけだ。本当に能力があれば、一族のコネを使ってもっと若くして起業もできるはずだ。

それでも結局のところ、アイデアや実行力、そして人に好かれるかどうかが勝負の分かれ目になるのだから、昔に比べてチャンスは格段に広がっているのである。

「金持ちサラリーマン＝年収一億」を目指す

現代は、「年収一億円の金持ちサラリーマン」というのが当たり前の時代になりつつある。

それどころか、二〇〇四年の高額納税者番付一位は、投資顧問会社部長（つまりサラリーマン）の清原達郎氏で、納税額は三六億円。所得は約一〇〇億円だった。

すでにアメリカでは、究極の「人生の選択」に悩むトップエグゼクティブが多数出現している。このままスーパーサラリーマンとして年収数百万ドルを続けるのか、もっと稼ぎたいから起業するのかという選択である。

今までの日本では、サラリーマンのエリートと非エリートの差はせいぜい数倍というところだった。戦後の日本は世界にも稀《まれ》な平等な社会を実現したのだが、今後、アメリカ型の社会に向かうことは避けられない。実体経済から株価資本主義へ、ストック型企業からフロー型企業へと変化しているからだ。

そうなると極端な所得格差が生まれ、年収一億円以上の一％の大金持ちと、年収三〇〇万円ほどの一般サラリーマンと、年収一〇〇万円程度のパート労働者・フリーターとの三層構造になる、というのが森永卓郎氏の言う「年収三〇〇万円時代」である。私もこれは起こりうる話だと思っている。

会社にとってみれば、そのほうがコストが安く済むからだ。つまり、九九人を年俸三〇〇万円にして、一人にだけ一億円の給料を払うと、給料の平均は四〇〇万円で済む。全員に六〇〇万円を払っている会社より、よほど人件費が安くなるのである。

しかも、強烈なインセンティブ（報奨）システムができる。もっともこれは両刃《もろは》の剣《つるぎ》で、九九人のやる気が失せてしまうというリスクも背負うのだが。

森永氏は「だから年収三〇〇万円でも幸せに豊かに暮らすラテンの発想を持とう」というのだが、それには私は賛成できない。低収入を前提としたつつましい生活は、子どもの教育費も少なくなるから、ますます階層は固定化する。そうなる前に、今から時代に適応して、成功者を目指すことが大切なのだ。

ケチケチ節約したって、金持ちにはなれない

「金を追う人間になるな、金に追われる人間になれ」とはユダヤの格言だが、節約して金を貯めるという、お金とのつき合い方は、今やまったく理に適《かな》っていない。

当たり前のことだが、年収五〇〇万の人が二〇年間、飲まず食わずで全額を貯めたところで一億円だ。実際には飲まず食わずではいられないし、税金だって取られるわけだが、そのくらい徹底的にケチったところで、上限は知れている。

自分自身への成功報酬も出さずにケチケチしていると、何かに挑戦しようという気概も萎《な》えてしまう。節約を重ねて、出て行く金を減らそうとすればするほど守りに入ってしまうし、挑戦することも限られてくるから、収入は増えない。昔のように年功序列ではないから、放っておいても年齢を重ねただけ給料が上がるという時代でもない。

ところが稼げるようになると、年収一億だとか、株価が高騰してものの数秒で一億円も資産が増えていたりということが起こりうる。

「ケチで金持ちになった人はいない」と昔から言われてきたけれども、今もまったく同じ

ことが言えるのだ。それどころか企業の再編や売買も頻繁《ひんぱん》に起こるし、終身雇用もすでに過去のものとなっているから、大企業に勤めているからといって安泰ではない。何もしないで会社にしがみついてだけいると、頼みの会社が身売りしてリストラになり、今より貧乏になってしまう可能性だって決して低くはないのである。

こう考えてくると、「節約」と「貯金」だけでは、もはやジリ貧への一本道だということがおわかりいただけたと思う。

ちまちまと小金を貯めるよりも、どうやって入ってくるお金を増やすかを考えるほうが、人間は頭を使うし工夫する。「どうやって収入を増やすか」ということを、考えなければならない。人生の節目節目で、どのような「投資」をするかを考えるべき時代なのだ。

ちょっとした習慣

旅行やグルメ道楽など自分への成功報酬を忘れない

ケチケチ節約したって、金持ちにはなれない

×

年収500万の人が
飲まず食わずで貯金

↓

20年で1億

○

株価が高騰

↓

1秒で1億

ポイントは「どうやって収入を増やすか」

できるだけ「他者が介在する要素」を少なくする

投資というと、株や投資信託を買ったり、少しでも有利な金融商品を探したりという、「資産運用」をイメージするかもしれない。資産運用が悪いとは思わないが、投資の際、自分の力ではどうにもならない要素は、少しでも少ないほうがいいと私は思っている。

たとえば投資信託であれば、運用担当者にすべて任せてしまうことになる。「専門家だから安心だ」と丸投げすることに価値を見いだせるのなら魅力的なのかもしれないが、自分の金の命運がアカの他人に握られているわけだ。いわば、自分の力の及ばない運任せの要素が大きい。

物事は、自分の力で変えられる要素と、どうにもならない要素とで成り立っている。たとえば宝くじなら、どうにもならない運が一〇〇で、努力で変わる要素はゼロである。認知を変えることで「ツキ」も変わるのだが、宝くじは、「自分はツイている」とどんなに思いこんでも当たらない。

その意味では、投資信託などは宝くじに近いのだ。自分の努力で変えられることといえば、やめる（つまり売る）決断だけだろう。

けれども、世間から見ると運がいいように見えること――人に好かれるとか、抜擢《ばってき》をされることは、じつは宝くじのような純粋な運とは違う。ある種の努力や技術で、呼び込んでいるのである。

だからこそ自分で何かやってみる「自己投資」は、投資価値がある。つまり、バリアブル（可変）な部分が大きいのだ。スキルを身に付けたり、勉強するのもいい。とりあえず小資本で、投じる時間も限られている中で、頭を使って儲ける副業を始めるのもいい。

他者が介在する要素を少なくする方法を考えていくと、「ツキがツキを呼ぶ」状態、「好循環モデル」に近づいていくのだ。

自分なりのビジネスモデルを作る

一九八七年に出版した『受験は要領』は、私の最初のベストセラーになった。その後、『受験勉強入門』『赤本の使い方』『数学は暗記だ』など最初の六冊で二〇〇万部ぐらい売れた。

「相当儲かったでしょう」と人からは言われるのだが、それで大金持ちになったかと言うと、じつはならない。どの本も新書判で定価が安かったし、私の口述をライターや編集者がまとめたものだったから印税率も四~五%と低かった。結局、二〇〇万部で印税の正味が八〇〇〇万円ほどだった。

たしかに大金ではあるけれど、受験本は発売していきなりどかんと売れる種類の本ではない。毎年の受験生が買ってくれるから、じわじわ売れるわけで、一〇年かけて八〇〇〇万の印税であり、年収に直すと八〇〇万ほどである。

これなら真面目に医者をやっているのとたいして変わらない。

そこである時期に、膨大な質問の手紙やファンレターを金に換える方法がないかと考えて始めたのが、今の通信教育である。教材は市販の問題集で、志望校に合わせたカリキュラムを作って宿題を出す。勉強法を指導するものだ。利益はともかくとして、今は売上げで年間三億~四億円になっている。

本が売れたということは、自分の考えが世の中に受け入れられたということであり、周辺に金につながる要素が必ず潜んでいるのだ。読者が手紙を寄せてくることを、どう金に換えていくかというビジネスモデルを作ったことが、私にとっての分岐点だった。

本が売れて満足してしまったらそこでストップしていたところだが、印税よりもずっと大きな収入になった。それを元手に次の投資を、と考えたとき、受験本だけでは著者として飽きられるかもしれないという懸念も浮かんだ。そこで二〇〇〇万円ほど貯まった時点で、アメリカへ留学したのだった。

他のことに投資するより、自分に投資しようと考えたのだ。アメリカでは、最新の精神医学や心理学を実地で学んで、医師として研鑽《けんさん》を積み、帰国後は心理学のビジネス化に取り組むことになった。その結果、受験以外の本もたくさん書けたのだから、投資効率としては悪くなかったと思っている。

ちょっとした習慣

数百万の「小金」は自己投資に使う

「金が金を産む」という幻想を捨てる

ローリスク・ハイリターンという金融商品は存在しない。元本保証で、利息が三〇％などといわれたら間違いなくインチキである。

まともな金融商品の場合、元手が一〇〇万円なら、年利〇・〇二％の定額貯金から一％が見込める国債に乗り換えれば、二〇〇円の利息が一万円になる。その差は大きいけれども、国債の場合は元本を一〇年は寝かしておかないといけないというデメリットがある。

人気の経済ジャーナリスト、荻原博子《おぎわらひろこ》さんの話を聞いていても、年利二〜三％で運用していくモデルがほとんどだ。年利二〜三％というのは、一〇〇万円で二〜三万円だから、一回家族でレストランに行ったら飛んでしまう金額だ。それはそれで堅実だと思うけれども、金持ちになるには縁がなさそうだ。

何が言いたいのかというと、「金が金を産む」というのは、大金持ちになってからの話であって、貧乏な間は期待しないほうがいい、ということだ。

資産がある程度あれば、五％の利率で回すことは難しくない。不動産を持てばいい。不動産といってもバブルの頃のように転売するのではなく、賃貸で稼ぐのである。都心のマンション価格は、今やほとんど底値状態だから賃貸にすると七〜八％の利率で回るのだ。低めに見積もっても年間に五％くらいの利率で回せる。つまり、二〇億〜三〇億円の資産があれば、年収一億になる。

こと投資に関していえば、持っている資本が大きければ大きいほど、効率よく増やせる。それこそ一〇〇億円くらい持っていれば、資本金一億円程度の小さな会社の株価を上げることは簡単にできる。大量に買い注文を出すわけだ。発行されている株が少ないのに注文を大量に出せば株価は上がる。周囲も慌《あわ》てて買いに走ったところで売るわけだ。これは運ではなくて、操作能力である。

それに資本が大きければ大きいほど、有利なお金儲けの情報が飛び込んでくるのだ。たとえば欧米のヘッジファンドの出資者になるには、最低でも一〇億円が必要だと言われている。ヘッジファンドが常に儲かるとは限らないが、大きな資本があれば、おいしい話もたくさん持ち込まれるのだ。

逆に、資本が小さければ小さいほど、自分では何もできない。なすすべなく運に左右されることになる。それならば自分の可能性やビジネスに投資したほうがよほどいい。

マンションで資産運用のできる人できない人

順序として、資産運用はある程度の金を作ってから考えるべきである。わずかな金しかないのに、貯金だ投資信託だと目をつり上げてみても、金持ちになるまでは気が遠くなるほどの時間がかかる。短期間で、となればリスクも高い。

しかし都心のマンションの一室を買って、賃貸に出すくらいのお金があれば、七%くらいの利回りになるわけだ。今は、そんな条件のいい物件がたくさんある。

だからといって、借金してマンションを買うのは早計だ。たしかに今は、借金をするにも金利が安いから、三%で借りて、賃貸にして七%で回れば四%もの利回りになるという計算が成り立つ。事実、そうする人もいるわけだが、これは勧められない。

もし入居者が決まらなければ、たちまち借金苦が待っている。とくに一室だけのオーナーであれば、空室は致命的だ。収入はなくても借金は返済しなければならないのである。何室かあってこそ、均《なら》せば五%以上に回るのだ。

ましてリストラに遭って収入がなくなったりすると、その時点で売り急ぐことになりかねないというリスクもある。

つまり返済や支払いに迫られる「忙しい金」では、不動産の賃貸で儲けるのは難しいのだ。

ところが、「余裕のある金」なら損をしない方法がある。売らないかぎり、いわゆる含み損であって損は確定しないのだ。そして、いくら含み損を抱えていても、賃貸にしているかぎりは、ちゃんと金を産んでくれるのが不動産なのだ。

不動産で資産運用というのは、ストック型の金持ちパターンに他ならない。起業のハードルが低くなっていることや、フロー型の経済環境を利用すれば、そこにたどり着くこと、つまり資産二〇億~三〇億円を貯めるのは、決して夢物語ではない。私としては資産が二〇億になってもさらに新しい仕事にお金を投資するフロー型の人生を歩み続けたいが、ストック型の金持ちになることを目標として、つまり動機づけに使うのは、それはそれでいいと思う。

暇《ひま》なときこそ、勉強しろ

金がないときには時間があるし、金ができてくると時間がない——よく聞くし、口にもする。これは人間の一面の真理を言い当てていると思う。

「金はないけど時間がある」のなら、時間を金に換える方法を考えるか、その時間を使って金が稼げる人間に自己改造をするか、どちらかに励めばいいのだが、実際は無為に過ごしてしまう人がとても多い。結局、いつまで経っても金に縁遠いことになる。

時間を金に換えるのは、ある年齢を超えるとなかなか難しい。たとえば、時給計算のパートやアルバイトは、学生も三十代も大きな差はない。フリーターの将来が不安になるのもそのためだ。

金はなくても時間のある若いときこそ、時間を金に換える方法を考えよう。その最善の方法は「自己投資」であり、「勉強する」ことだ。狭い意味では「自分自身のスキルを高めておく」ことだし、広い意味で捉えると「アイデアや行動力を磨いておく」ことでもある。

いずれにしても、今の自分にはない能力を身に付けることだ。とくにお金がないとき、もっとも効率のよい自己投資が勉強なのだ。

よくよく考えてみると「金はないけど時間はある」の塊《かたまり》みたいな時期は、小、中、高くらいの一番無垢《むく》な頃だろう。その時期、勉強して賢くなっておくことはあとあと有利になる。昔ほど学歴に価値がなくなったとしても、数学力であれ、英語力であれ、比較的金に変わりやすい素養が身に付くからだ。

その頃の吸収力は、年を取るほど衰えていくわけだが、だからといって何もしないのは論外だ。「今さら間に合わない」と、あきらめてしまっては人間が腐るだけだし、片足を突っ込んでいた貧乏の底なし沼にそのまま沈んでしまう。

ただ、若ければ若いほど貪欲《どんよく》に吸収できるのは事実だから、少しでも時間があれば自分に投資してITのスキルや資格なり、英語なりを身に付けておくべきだろう。

一日数千円の残業代のために時間を浪費するな！

「金はないけど時間はある」というのが大学生までの若い頃だとしたら、多くのサラリーマンは「金もないし時間もない」というのが実情ではないだろうか。

たとえば、一日二〇〇〇円の残業代のために時間を浪費してしまう人が、たくさんいるのである。そういう人は、もっと稼げるようになるために勉強しようとか、二〇〇〇円ぽっちなら副業で稼ごうと考え直したほうがいい。

「金がないのに忙しい」、という状況は、ものすごく安い値段で自分を売っているということに他ならない。それを避けるためには、「自分の仕事の単価＝時間当たりの給料」が下がらないように意識することが大切だ。

残業代は給与明細にも書かれているだろうから把握しやすいが、あなたは「自分自身の単価」を計算したことがあるだろうか。

たとえば、自分の給料が月に三〇万円だったとしよう。で、本来の勤務時間は一日八時間で月間に二二日なら一七六時間、残業も一五時間していれば、一九一時間になる。これだけで割り算すると一五七〇円となるが、実際には給料に反映しないけれども、仕事のために使った時間がある。

通勤時間が片道一時間なら月間四四時間だし、週末家に持ち帰ってした仕事が八時間、取引先の接待で酒を三回飲んで合計九時間、といったものをすべて加えていくと、合計二五二時間になり、これで割ると一一九〇円となる。これが一時間当たりの単価である。

仕事の効率が悪くて、さらに自分の時間を使うことになれば単価は一〇〇〇円を切りかねない。「忙しい」が口癖になっているとしたら、自分を大安売りしている可能性が高い。

この状態は自分の時間を費しているわけだから、まずは本来の時間単価に近づける工夫をすべきだろう。

ちょっとした習慣

「忙しい」という言葉は禁句にして、「自分の単価」を意識して働く

「時間効率」を意識して仕事をしているか

自分の単価ということを考えるとき、単価を下げないための方法論があると心強い。

たとえば、文化人・有名人といえども浮き沈みは激しい。講演専業という人の中には、かつて二〇〇万円ぐらい講演料を取っていたにもかかわらず、三〇万円まで値引きするよ

うなこともしばしば起きる。

私の場合、講演料はおそらく世間の相場より高いと思う。高く取れるのには理由があって、そのひとつは、口述筆記で本を出すよりも割の悪い仕事は受けないことにしているからだ。口述であれば二〜三日で一冊分を語ることができるから、そこから得られる収入と比較して、仕事の諾否《だくひ》を決めているのだ。

効率からすると、本を出すことは決しておいしいものではないのだが、講演と違って本は残るものだし、より多くの人に自分の考え方をじっくり知ってもらえるという得難い利点がある。また、本を出し続けることによって、世間から忘れられない、つまり自分の価値を下げないということにつながり、それが講演の単価を下げないことにも結びつく。ついでに言うと、もしその本がたくさん売れれば、時間当たりの収入は飛躍的に増える。

加えて医者の仕事や、通信教育のビジネスもしているから、自分の単価を下げてまで講演の仕事を引き受けなくて済むのだ。商品の値段と一緒で、講演料というものは一度ダンピングしてしまうと歯止めが利《き》かなくなる。逆に講演だけで食っている専業の人は、よっぽど人気が続かないかぎり単価を下げないで済む方法論がないわけだから、相手の言い値にならざるを得ないのだ。

サラリーマンは健康保険もあるしボーナスもあるから誤魔化されやすいのだが、忙しくなればなるほど自分を大安売りしていることに変わりはない。最近は、残業代のつかない裁量労働制の会社も増えているから、ますます時間効率を意識して仕事することが重要になる。

手を抜いた仕事ぶりでリストラされては仕方がないが、だらだらと無駄な時間を費やすことは避けなければいけない。そうやって作り出した時間を自己投資に当てることだ。繰り返しになるが、お金がないとき、もっとも効率のよい自己投資とは勉強だ。

勉強するときは常に「アウトプット」を意識する

勉強の基本は、本を読んで、知識や情報を仕入れることだ。日本人は勉強して、「インプット」するのは得意だ。通勤電車の中で日本経済新聞に目を通したり、分厚いビジネス書を片手で開いているのも、ごく普通に見かける光景だろう。ところが、その仕入れた知識を上手に「アウトプット」できる人が少ないのだ。

しかし、当然のことながら、お金になるのはアウトプットに対してである。大学では稀《まれ》に「稀代《きたい》の勉強家」といった伝説だけで教授になる人もいるけれども、普通は論文を書かないと教授にはなれない。

勉強熱心な努力家に限ってインプットに熱中してしまうけれども、本当はアウトプットこそが商品なのだから、上手く知識や情報を吐き出せることのほうがよほど意味がある。「彼は賢そうだから雇っておこう」「物知りだから使えそうだ」などという理由で、会社は社員を評価しない。知識量を誇る人間はえてして評論家であることが多く、口ばっかりで行動が伴わない人間を会社は一番嫌う。

逆に実際の知識量はともかくとして、的確に情報を得て、生産的なアウトプットに結びつけることができる人間は、仕事ができると評価される。

自分へ投資する場合は、アウトプットを意識したインプットでなければならないのである。これは、お金とのつき合い方としてとても重要な点だ。これもやはり、世の中の変化が背景にある。昔はインプット型の教養人が喜ばれたのだが、今はアウトプットができるかどうかが問われているのだ。とくにアメリカ型の社会では必須である。

私はアメリカに留学しているとき、ここで勉強したことを、日本でどうやって商売につなげようかとか、どうやってものを書こうか、などと常日頃考えていた。学びながら常

勉強はアウトプットを意識する

勉強の基本は、
知識・情報を
仕入れること

重要なのはアウトプット

たとえば

①仕事につなげようと
思って本を読む

②受け売りで話す
ために本を読む

に、日本人を語る心理学者になろう、精神科医になろうなどと意識を巡らせていると、アウトプットの引き出しがたくさんできるし、身に付く密度も違ってくる。

受験勉強だって「どういう形で試験に出るだろう」と想定しながら勉強することがもっとも大事だ。だからまず赤本で志望大学の過去問に当たることが最重要だと常々説いているのだし、これもまさしくアウトプット（試験に合格すること）を意識した勉強法だ。

九〇歳を超えてなお現役の医者でありベストセラー作家でもある日野原重明《ひのはらしげあき》氏は、毎晩二時間かけて情報を収集し整理されているという。日野原さんのすごいところは、数多い講演のたびに違う話をしよう、つまり新しいアウトプットをしようと心がけて、情報をインプットしている点だ。

どうすれば「情報の勘所《かんどころ》」がつかめるか

一流の企業経営者には、意外なほど本を読んでいる人が多い。日々忙しい中でも、これと思う本には目を通しているものだ。

一部分だけ読んでいるのかもしれないが、勘所《かんどころ》をしっかりと理解しているケースが多い。経済誌などのインタビューを読んでいると「最近、こういう本を読んだのだけれど、それによると……」と、多くの経営者が的確に語っている。それが凡人にはなかなか難しい。忙しいはずの彼らができて、暇《ひま》な人がなぜできないのだろうか。ひとつには、一部分だけ読んでいるにしても、その代わり、覚えるように読んでいるということがある。覚えるためには、「受け売りで人に話す」というアウトプットを心がけている経営者も多いはずだ。社員への訓辞で使えるようなエピソードを探している経営者なら、アウトプットの目的が明確なだけに、インプットの効率も上がるはずだ。

「膨大な資料本を全部読んでるんですか」と聞かれたノンフィクション作家の立花隆《たちばなたかし》さんは、もちろん全部は読めないと答えている。ただ、どの本にどんなことが書いてあるかを頭に入れるというのだ。その本のどこに何が書かれているかは、目次などで見当をつけて、気になるポイントだけ読んでいるのだそうだ。

要約本や要約メルマガもあるけれども、情報を仕入れる段階では、もっと雑多な情報に接したほうがいい。新聞の見出しだけ見ていくのなら、一紙で五分もかからない。そうやって数紙に目を通すと、ポイントやキーワードが見えてくる。通勤電車の中吊り広告を見るのも一法だ。普段、自分が買わないような女性ファッション誌の広告から、今、何が流《は》行《や》っているのか、時代の雰囲気が摑めてくる。

無目的な読書は、ただの教養になるわけだが、「アウトプット＝仕事、金儲けにつなげよう」と思って読むと、目的に適《かな》ったところは、とくに目に飛び込んで来るようになる。「ああ、こう言えば客が喜ぶんだ」「こんなふうに儲けているヤツがいるんだ」などと、自分にとって有益な情報が優先的に目につくようになる。

自分で本を開いて必要なところに見当をつけるときも、アウトプットを前提としていると大事なポイントに対して鼻が利くようになる。そうなってくれば逆に、要約メルマガを出すことを念頭に置くこともできる。

自分の得意なジャンルに特化していくと、案外それが副業として金になったりするものだ。たとえ直接には金を産まなくても、こうしたことを飽かずやり続けていれば、自分の商品価値も上がっていくのである。

ちょっとした習慣

「受け売りで人に話す」ことを意識して、テレビや本などの情報に接しよう

金になる可能性の高い情報とは

　人と話していると「ああ、これは意外と知られていないのか。この解決策を教える情報を売ったら、金になるな」と気づくこともある。情報を仕入れて、自分の知らないことを学ぶだけでなく、人の知らないことに気づくことも重要だ。つまり、自分はわかっているけれども、普通には知られていないこと、それが本当に価値のある情報だ。

　極端な話、ライブドアの堀江社長に友人がいて「近鉄を買おうと思っているんだ」と、雑談の中でポロッと漏《も》らしたのを聞いていたとしたら、その日のうちに株を買って後で売り抜ければボロ儲けができたはずだ。ニッポン放送の買収話とちがって、これが、インサイダー取引になるかどうかは微妙なところだが。

　その意味で私は、たとえ胡散臭《うさんくさ》い友達であっても、人間関係は適当に保っておけばいいと考えている。許し難い迷惑を被《こうむ》りそうになったり、本物の詐欺《さぎ》師であることがわかったときに、関係を断てばいいのだ。

「一攫千金《いっかくせんきん》の儲け話」を持ってくるのは、仲間内でも大ボラ吹きと言われるような評判が悪い人間だ。でも、だからといって最初から「怪しい」「胡散臭い」と遠ざけないで、話を聞く価値はある。自分がふだんつき合っている世界とは異質の人物ならなおさらだ。思いもつかないアイデアが潜んでいることもあるからである。

しかも話を聞くだけなら一円も損するわけでもなく、おもしろく聞かせてもらってもタダなのだ。実際に金を出すか出さないかだけ、しっかりと線引きしておけばいい。

「金を出してほしい」と切り出されたところで「そんな余裕はないんだ」と断わればいいのだし、損してもいいと思える範囲なら、夢を買ったつもりで乗ってみる手もある。

アイデアはいいけれどやはり組めない、乗れないと思ったら、改良版を自分で試してみればいい。人の話を聞くことで、儲けのツボも見えてくるものだ。

しっかりと撒《ま》き餌《え》をすることが大切

現代の金儲けで大切なことは、人生を賭《か》けるような一回だけの大勝負に出ないことである。乾坤一擲《けんこんいってき》の大博打《ばくち》より、いろいろ小博打を試してみることが重要だ。

それというのも現代が、かつての経済モデルが成り立つような社会ではなくなっているからだ。

たとえば急速に少子高齢化が進行して、国の人口が少なくなっていく局面では、以前のように若者のニーズを汲《く》み上げて新しい商品やサービスを提供して、経済規模を拡大していくビジネスモデルは上手くいかない。高齢者に金を使わせることを誰もが考えているけれども、老人がなかなか財布のヒモを緩《ゆる》めないのは、かつての若者相手のビジネスモデルで発想しているからとも考えられる。

製造業よりもサービス業の時代であり、土地を担保にした間接金融から、市場で資金を集める直接金融の時代である。

あらゆることが新しいパラダイムになっているわけだから、従来の理論や方法では上手くいかないのである。金利をどんなに下げても株価は上がらないし、公共投資を増やしても景気は回復しない。

となると、実際に試してみるしか本当のところはわからない。いろいろ試して当たりを探せるのが小規模ビジネスなのだから、そのメリットを活かさない手はない。このことをまず、大前提として肝に銘じておくことだ。

そんな時代に、一回だけ乾坤一擲の大勝負をするというのは、どう考えても賢いことではない。どこにどんな魚がいるかわからないのに、大きな餌《えさ》をつけて目をつぶり、一カ所だけに釣り糸を垂らすようなものだ。それよりはまずしっかりと撒き餌をすることを考えたい。もし大勝負をするとしても、その後の話である。

出会う人を増やせば「出会い運」も上がる

何が当たるかわからないから、いくつでも試し続けることのできる人間に、成功が訪れる。

ユニクロの柳井正《やないただし》さんは、「ユニクロは、一直線に、短期間で成功したように思われているけれども、実態は一勝九敗程度だ」と言っている。一勝九敗で十分大金持ちになれるのである。

成功の陰には必ず失敗がある。失敗にこそ、成功の芽は潜んでいるのだから、たとえ上手くいかなくても「ダメだったか」で投げ出すのではなく、失敗をよく観察して、次の試行に活かすことが肝心だ。「自分にはツキがある」という自信（あるいは思いこみ）が、再チャレンジを実行する鍵《かぎ》になる。

試す回数を増やす大切さは、じつは「運」や「ツキ」についても当てはまる。たとえば「出会い運」を例に取ってみても、人と出会う機会が多いほど、有能な人材や自分と波長の合う人に出会える。一日一〇〇人に会う人と、一日一人しか会わない人を比べると、可能性の違いが簡単に理解できるだろう。

年間二六二安打という大リーグシーズン最多安打の新記録を打ち立てたイチローだって、卓越した技術は言うまでもないことだが、一番打者で打席に立つ回数がもっとも多かったことが新記録の樹立につながったのだ。もしイチローが八番や九番バッターだったなら、同じ打率は残せたとしても、最多安打記録は塗り替えられなかったのは自明である。

だから、たとえいい人に出会える確率が一〇分の一しかないような運の悪い人間だったとしても、一日に一〇〇人と会う人は、出会いの少ない人よりもよっぽど多くの素敵な人に会えるのだ。つまり「出会い運」がよくなる。

あとは人を見る目を持っていればいいだけの話だが、たくさんの人に会えば会うほど人を見抜く力というのは身に付くものだ。ここでもまた好循環が起きる。出会いの確率そのものは変わらなくても、いい人を確実に選べるようになるわけだ。

儲け話やチャンスが向こうからやってくる方法

誰もが意外に気が付いていない人間心理の盲点がある。それは「人間は相手の長所を覚えている」ということだ。よほどの嫌われ者でないかぎりは、相手は自分の長所を覚えているということを、知っておくといい。

とくに目上の人はその傾向が顕著《けんちょ》だ。たとえば一〇〇のアイデアを出したとして、九九はくだらないアイデアだったとしても、ひとつがおもしろければ、そのひとつを覚えてくれているものなのだ。

たとえば私に講演を依頼したり、本の執筆を持ちかけてくれる人たちは、まずは私の「売れそうなところ」を見ているわけである。何十冊も本を出しているけれども、その中でもとくによく売れた本のイメージで判断されるのだ。私の場合、精神科医であり、心理ビジネスの実践もしているし、老人医療の専門家でもあるけれども、やはり受験術指導の第一人者という看板がいちばん大きく見えるようだ。

たとえば天才テレビプロデューサーと謳《うた》われるテリー伊藤《いとう》さんだって、視聴率の上からない番組も数多く作っているはずなのだが、ヒットした番組で評価される。

すなわち「長所」として、他人の記憶に残るのは、打率ではなくてヒットの数、ホームランの数である。「記録よりも記憶」と言われるように、記録では追い越されても名選手の記憶は色あせないものだ。

歌手だってずっと食べていけるのは、一曲だけでもメガヒットがある人だ。テレビの表舞台に姿は見えなくても、営業の仕事がある。

では「人間は相手の長所を覚えている」ことで、何が起きるのか。

つまりこれは、回数を重ねて成功を積み重ねていけば、儲け話やチャンスが向こうからやってくることを意味している。そのためにも、まずはたくさんの釣り糸を垂らすようにして、試行してみることである。

ちょっとした習慣

久しぶりに会った人とは上手くいったことの思い出話をしよう

少し当たってくると不思議なもので、全部が儲かっているわけでもないのに、何か当たりそうな雰囲気が漂ってくる。世の中は今、「儲かりそうだ」と思ったら、「金を出したい」という人が出てくる状況だ。そのためにもまずたくさん試行して、一発きれいに花火を上げることが大事なのだ。

来た仕事は断わらない仕事術

直木《なおき》賞作家の浅田次郎《あさだじろう》氏がラジオでこんなことを話していた。

「小説家を志していたら、一生に一度ぐらいは賞を取れる。もちろん絶対に賞が取れるという保証はないけれど、芥川《あくたがわ》賞や直木賞は年に二回あるのだし、山本周五郎《やまもとしゅうごろう》賞、江戸川《えどがわ》乱歩《らんぽ》賞など、とくに今は文学賞がたくさんあるから、一つぐらいは賞を取れるはずだ」

――作家だからそのくらいの自負は当然だろう。なるほど、まったくそのとおりだと思ったのは次の言葉だった。

「受賞してドッと注文が来たときに、全部こなせる体力と準備があるヤツだけが流行作家として生き残る」と言うのである。

裏を返せば、芥川賞・直木賞の受賞作家でありながら、食えない作家がいかに多いかということでもあるのだが、質をキープしながら量をこなしていく大切さを見事に言い表わしていると思う。『声に出して読みたい日本語』（草思社）で一躍注目を集めた齋藤《さいとう》孝《たかし》氏も、来た仕事は全部断わらない方針を貫いている。

貧乏恐怖が染みついている私も、基本的に来た仕事は断わらない仕事術を続けている。何が売れるかわからない時代だからこそ、いろいろな本を出すことが大事だし、五〇万部、一〇〇万部というベストセラーはそうした試行錯誤の中からしか生まれないと思っているのだ。もしベストセラーが出て、仕事の依頼が殺到したときでも、片端から引き受けて、何でも屋の本領を発揮するだけの仕事体力はあると自負している。

「ツキの好循環」とも関連するが、売れたときにどうするかで、さらに一段階大きくなるか、ブレーキがかかってしまうかが決まるのだ。

そのときに必要になるのが「仕事体力」である。体力というと、ほとんどの人はスポーツジムでトレーニングして身に付けるような体力のことをイメージするのだが、発想したり分析したり、考えをまとめてアウトプットしたりするような体力、つまり仕事を集中、継続してこなしていく力のことだ。

いろいろなことを次々に試せる、手を出せるのも仕事体力の一部である。何が当たるかわからない現代には、必須の能力だと私は信じる。

「仕事体力」は実地訓練で向上する

仕事体力を養ういちばんの方法は「無理だと思わずやってみる」ことである。人間の器官や機能は、適度に使えば発達するし、使わなければ退化・萎縮《いしゅく》する。これは二十世紀の初め頃、ドイツの生物学者ルーが提唱した法則で、今はトレーニングの理論として、スポーツジムなどではおなじみの考え方だ。

少し強めの負荷《ふか》をかけないと体力は向上しない。これは筋肉に限らない。とにかく一度引き受けてみることで、仕事体力も身に付くのだ。

また、フリーランスで仕事をする上で私もつくづく感じるのは「忙しいときほど仕事が重なる」ということだ。もちろんこれは仕事が好循環しているということなのだが、フリーランスの人は一度断わると次の仕事がこないのではないかという恐怖心もあって、来た仕事は断わらない人が多い。

「時間的に厳しいし、無理かもしれない」と、「でも何とかなる」という二つの心理状態の中で仕事をするうちに、本当に何とかなるのが不思議なところだ。それというのも、断わらずに引き受けていると、必然的にいくつかの仕事を並行してこなすことになる。これはかえって能率が上がることも多い。別の打ち合わせでしゃべっているうちにアイデアが出ることは往々《おうおう》にしてあるし、言い訳をするうちにひらめくこともある。こうして仕事体力は実地で向上していくのである。

日頃、まったく体を動かさない人にとっては、信号の変わりかけた交差点を走って渡るだけでも息が上がる。膝《ひざ》を痛めるかもしれない。毎日セールスで脚《あし》を棒のようにして歩いているから体力には自信があるという人も、急にキャッチボールをすれば肩を痛めるだろう。

仕事体力も、決まった仕事を同じようにこなしているのでは、身に付かないものなのだ。売れてからでは間に合わない。それまでに、殺到する仕事を全部こなせる仕事体力を付けておくことが、金持ちへ飛躍できるかどうかの局面で効いてくるのだ。

ちょっとした習慣

やりたい仕事は、時間的に厳しくても「何とかなる！」と信じて挑戦する

3章　「ツイてる人間」になるための習慣術

――「ツキの好循環」を実現する生き方の基本

ツキを呼び込む名番頭の力

「ツキ」を呼ぶためには、物事をいい方向に捉えるプラス思考が必要なことは、おわかりいただけたと思う。

とはいえ、常にプラス思考でいられる人間はまずいない。悲観的な状況になったとき「いや大丈夫」「儲かるはずだ」と、無理やり言い直すことはできるけれども、ツキの好循環モデルには、「実行する」というハードルがある。このハードルは高く、ひるんだりくじけたりしやすいのが人間だ。

自分一人の力では、プラス思考を維持し続けるのはなかなか難しい。だからこそパートナーが大事なのである。

代表的なのは、世間で「あげまん」と呼ばれる女性だが、ツキを呼ぶパートナーは女性とは限らない。昔から名経営者には、名番頭と言われる存在がつきものだった。

戦後日本の代表的なジャパニーズドリームといえばホンダである。藤沢武夫《ふじさわたけお》氏は、決して表舞台に上がらなかったけれども、本田宗一郎《ほんだそういちろう》氏を支えて「世界のホンダ」を築いた稀代の名参謀として知られる。トヨタには石田退三《いしだたいぞう》氏がいた。「豊田《とよた》家の大番頭」と言われた人物で、トヨタ自動車の創業者・豊田喜一郎《きいちろう》氏の片腕として、トヨタグループ全体を支えた。

こうした例は枚挙《まいきょ》にいとまがない。「心置きなく発明だけやってください」「社長ならいけるはずです」「私が汚れ役はすべて引き受けます」と、名番頭と呼ばれる人たちは、面倒な実務をこなすとともに、心理的なサポートにも長《た》けていた。

彼ら名番頭の共通点は、親分に惚《ほ》れ込んでいて、親分がやることは絶対に上手くいくと信じていることだ。ただ、親分はこまごまとした雑用には向いていないから、そちらは自分がすべて引き受ける、と長所短所もわかった上で、自分の役割に専念している。名経営者と名番頭のコンビが「ツキの好循環」を生み出す原動力となるのだ。

女性のほうがカリスマカがある

ところが今の時代、「親分・子分の人間関係」というのをあまり見ることがなくなった。子分を心酔させるだけの器量の持ち主も少なくなったのだろうし、親分を一心に支える腹の据《す》わった番頭候補もいなくなった。会社の部下は、上司の地位や肩書きに従っているだけなので、異動になればそれまでの関係である。腰巾着《こしぎんちゃく》のようになって社内派閥を作るのも、多くの場合は保身のためだから、弊害《へいがい》も多いはずだ。

惚れ込んで支えるということからか、今は女性に番頭格の人が多い気がする。

女性の論客やいわゆる文化人の事務所にいる秘書（こちらも女性）には、「先生に一生ついて行きます」とばかりに心酔している人が圧倒的に多い。中には先生の威光からか、妙に居丈高《いたけだか》な人もいて困ったものだと思うのだが、意外なところにやくざまがいの親分・子分の関係が息づいていて興味深い。

政治家の秘書には、汚れ役や恫喝《どうかつ》担当の人もいるけれども、男性の文化人には「一生ついて行きます」的な秘書が意外に少ないのも不思議だ。

ツキを呼ぶパートナーとしては、先ほども触れたが「あげまん」が代表的だ。「あなたなら大丈夫」「あなたに惚れ込んでる」と言われたら、男はそれだけで元気が出る。よく考えてみると「大丈夫」の根拠は希薄なのだが、言われた男にとっては百人力である。

また異性関係の場合、生活を共にして四六時中一緒にいるケースが多いから、心理的な支えになるのは必然である。

売れないミュージシャンには、必ず陰で尽くす女性がいる。そのまま売れないものの細々と音楽を続けたり、商売替えをしたりするわけだが、いずれにしても心理的なサポートになっている。ごく稀に大ヒットを飛ばす場合があって、売れたらもっと見栄えのいい女に走り、支えてくれた女性が捨てられてしまうかわいそうなパターンもある。

結果、女性週刊誌には「糟糠《そうこう》の妻、捨てられる」という見出しが躍ることになるのだが、相手の男に才能があると信じて惚れ込んで、貧乏な頃を支え続ける女性は少なからずいるものだ。

家庭でのパートナーの重要性

もちろん、男が女に惚れ込んで支える場合もある。ただ、「あげまん」はときどき聞くけれど「あげちん」という言葉は、まず聞かない。これには理由がある。

女性は基本的に母親役になれるからだ。身の回りの世話から、「私がついているわ」と不安をサポートする役割までしてくれる存在になりやすい。逆に男性は、母親役にはなれないし、父親役も果たせないことが多い。多くのケースでは女性の子ども役になってしまうのだ。とくに日本人の夫婦にはそういった関係が多い気がする。

結婚であれ同棲であれ、男は子どもになってしまう種類の生き物なので、「できる女」に情けない男がついていると、ツキの好循環どころか、かえって落ち目になることが多い。男は「ヒモ」と呼ばれる情けない立場になりがちなのだ。ビートたけし氏は昔、そんな男を「さげちん」と呼んでいたが、「あげちん」よりもずっと多いのである。

女優であれ、経営者であれ会社員であれ、夫がいるおかげで出世できるような女性は、ヒラリー・クリントンのような例外を除いてやはり少ない。

独身生活が長くて、身の回りの家事などを自分でできる男性も、最近は少しずつ現われてはいるが、それでもやはり「あなたなら大丈夫」と、自分を褒めて支えてくれ、不安を解消してくれる存在は誰にとっても重要だ。そんなパートナーがいれば、自分の力だけで実践するのが難しいことでも、行動する元気が出てくるはずだ。

一方、「あげまん」がいれば「さげまん」もいるのが世の中の仕組みというものだ。上手くいっているときも褒めてくれなくて、「まだまだもっと稼いでもらわないと」と説教をしたり、常に他人と比べてボロクソにけなしたりするような女性もいる。

とくに夫の収入にすべてを頼っているような専業主婦の場合、少しでも落ち目になると

「どうしたのよ！」「ジリ貧じゃないの！」と目をつり上げることになりがちだ。しかしこれでは、落ち込んでいる夫をさらに腐らせるという悪循環を呼ぶだけだ。こういうのがいわゆる悪妻である。連日連夜、そんな調子で絞られたら「ツキの好循環」などますます遠のくばかりだ。

それでも中には悪妻がいいという説もある。これは、面罵《めんば》されても「なにくそ！」と発憤できるくらいの圧倒的な負けん気と能力を男が持っている場合だけの話である。

女性のほうが現実主義者だから、夢ばっかり見ている男に「もっと地道に稼ぎなさい」などと方向づけをしてくれるケースもある。きつい言葉で指摘されても動じない、浮世離れした男性には、それなりにいいパートナーとも言えるだろう。

とにかく家庭でのパートナーは、ツキに決定的な役割を果たすから、慎重に見極めたほうがいいことは言うまでもない。

ちょっとした習慣

日頃から妻を褒めておこう。「寛容な妻」を育てるのは夫の責任だ

決定的に重要なことは「ダメなときになるべく負けない」こと

人生訓めくけれども、人間には運のいいときもあれば、悪いときもある。自分の努力の及ばない偶然が、命運を左右することもある。

「認知を変えると、運もよくなる」というのが、本書の大きな柱のひとつだが、そもそも「自分はツイてない」と、悪い認知をすることになるきっかけが、偶然に起きた不運だったりするものだ。

ツキのあるときに勝てるだけ勝っていた人が、状況が悪くなってきたときに一気に貧乏になってしまうことは案外多い。歌手の千昌夫《せんまさお》氏の負債が二〇〇〇億円まで膨らんだのはその典型だ。バブル期には、ベンツを乗り回して、ハワイにリゾートマンションを持っている程度の金持ちはごろごろいたが、ことごとく姿を消した。

勝てるときにできるだけ勝っておくことはもちろん大切だ。中途半端な勝ち方をするよりずっといいのは当たり前だ。しかし、決定的に重要なことは「ダメなときになるべく負けない」ということである。負けることもあるのは仕方がない。だが、できるだけ負けを小さくすること——調子のいいときに大勝ちしたら、こちらがはるかに大切になってくる。

ツイていないときに悪循環に陥らない方法論が必須なのだ。ダメなときにしっかり支えてもらえたり、冷静な判断を取り戻させてくれるのは、信頼の置けるパートナーだ。絶望のどん底でも「あなたなら大丈夫、必ず復活できる」と言ってくれる人がいれば、最悪の決断である自殺を避けることもできる。

大阪・中之島《なかのしま》のシンボル、大阪市中央公会堂は、個人の寄付で建てられた建物だ。日露戦争前後に株の仲買で莫大な利益を得た岩本栄之助《いわもとえいのすけ》氏が、私財一〇〇万円を投じて建設したのだ。岩本氏はアメリカ視察旅行のとき、公共施設に寄付をするアメリカの大富豪の姿に感激したのだというが、当時の一〇〇万円は現代の五〇億円というから凄《すさ》まじい。

だが、岩本氏はこの建物の完成を見ていない。突然の株の暴落を悲観して、ピストル自殺してしまったのだ。しかし、死のほんの数日後に株は反騰《はんとう》したのだ。

仲買人仲間の窮状《きゅうじょう》を救い「義侠《ぎきょう》の相場師」と呼ばれて信望の厚かった岩本氏の側に、「悪い認知による悪循環」を断ち切ってくれる人がいたならば、結末は大きく変わったはずである。

悪循環のただ中にいると、的確な判断力が鈍ってしまう

自分の会社が倒産してしまったり、リストラされたというときに、家族からボロクソに言われたらたまらない。「あなたなら大丈夫よ、焦《あせ》らなくても」と言ってくれるかどうか、その違いはとても大きい。

とくに現代は、夜逃げするほど決定的にへこまなければ、案外早く立ち直れるものだ。担保や過去の実績による間接金融で資金調達するよりも、アイデアと期待感による直接金融で金が集まるからだ。大きく儲けることができた人は、ビジネスのアイデアやセンス自体は優れていることが証明されているのだから、突然復活することも十分あり得る。

ただ、ツイていないとき、「悪い循環」に入ったときにおとなしくしていられないことが問題なのだ。悪あがきや、余計なことをして、傷口を広げてしまいがちだ。人間はどうしても、失敗が続くと気が小さくなるし、的確な判断ができなくなる。

たとえば、高金利で借りた金はできるだけ早く返したほうがいいのは常識だ。逆に低金利で借りているなら、本当は借りっぱなしのほうがいい。ところが、日本の経営者は、高

金利の時代にはバカみたいに金を借りたのに、今のような低金利の時代になって必死に返そうとしている。これは明らかに世の中のムードに煽《あお》られているとしか言いようがない。

もちろん儲ける術《すべ》をまったく持ってない人は、低金利だろうが高金利だろうが借金はせっせと返すしかないが、手元資金を減らしたために、儲けるためのチャンスを失ってしまうのはナンセンスだ。

2章でも触れたが、ダイエーは店舗も古く、キャッシュがないので仕入れでも不利だった。改装という設備投資の資金不足も、仕入れに欠かせない手元資金も残さないで、借金の返済を最優先しないといけないところまで追い込まれたことが、ダイエー崩壊の一番の原因とされている。

ダイエーが追い込まれたのか、銀行が追い込んだのかは議論の余地があるが、ダイエーは信用力を徹底的に失う前に、社債を発行するタイミングがあったはずだ。にもかかわらずその時機を逸してしまった。社債ならば〇・七％程度の金利で発行できるし、不良債権だのとうるさいこともいわれない。だが悪循環の渦中で、判断も後ろ向きになってしまったのだろう。

ちょっとした習慣

潔《いさぎよ》く失敗を認めて傷口を広げなければ、再起のチャンスはつかみ取れる

常に目線は上に保とう

また、人間には「自分はダメだ」と落ち込んだときは、自分よりもっと下を見て、安心したくなる習性がある。ありがちな認知構造なのだが、ダメなヤツを見下したり、バカにしたり、怒ったりすることで、無意識に自己満足しようとするのだ。

逆に、ツキが転がり込む人間は、常に目線が上に向いている。たとえば成績が落ちてきた受験生でも、試験でツキを呼び込む生徒や、賢い生徒は、相当なところまで落ちてもあきらめないで上を見る。ところが「まだ下がいるや」と思っているタイプは、もっと成績が落ちていくことになる。自分よりダメな人間ばかり見て安心しているタイプは、絶対に出世しない。

北朝鮮バッシングの決定的な問題点も、ここにある。本格的にダメな破綻《はたん》同然の国に対して、「ろくでもない国だ」「やっつけてしまえ」などと、過剰にバカにしたり、必要以上に怒ったりしていると、いつの間にか韓国や中国に抜かれてしまう、という話になりかねない。私には、現在の北朝鮮バッシングは、自信を失った日本人が、アメリカと対等に勝負をすることをあきらめた宣言に思えてならないのだ。

今、日本では毎年三万人が自殺している。これは交通事故の死亡者より四倍以上も多い数字だ。それも一九九八年から八年続けての三万人台である。一九九七年までが二万人前後だったのが急増したのだ。交通事故の死亡者が前年より五〇〇人増えたら、嫌になるぐらい交通の取り締まりが厳しくなるのに、一万人も自殺者が増えているのをほったらかしにしておくのは、どう考えてもおかしい。三万人の自殺者を抱えた国というのはある意味「内戦状態」にあると言っていい。

政府は、ひとつ覚えの「痛みを伴う改革」を繰り返し、マスコミは北朝鮮を叩《たた》くばかりだが、その前に自殺者対策こそ最優先でするべきではないか。

これもまた、目線が低いところに下がって自己満足したがっていることの、ひとつの証《あかし》だと思う。

他人の悪口は、百害あって一利なし

話を身近なところに戻そう。サラリーマンの居酒屋でのお決まりの話題といえば、会社と上司への愚痴《ぐち》や悪口だ。これが習慣化すると、他人の欠点をあげつらうばかりで、長所を見つけられない人間になってしまう。人の揚げ足取りばかりをしているような人間は、他人から好かれないし、人も上手く使えない。長所を見ていないのだからツキのある上司を見分けることもできないし、と何を取ってみてもいいことがない。

上司が嫌いな理由は何であれ、あなたより出世しているから上司なのであり、その人は何かしら優れた点を持っているはずなのだから、それを見つけようという意識を持つことが大切だ。どんなに嫌いな上司に対してでも、必ずいい点、自分より優れている点を探し出す習慣を持つのだ。

「(酒を飲むと説教癖がひどいが)行動力がずば抜けている」「(嫌味なヤツだが)女性社員の人気がすごい」「(他人に厳しく自分に甘いが)たしかに企画力がある」など、必ず何かしらの長所や、優れている点があるものだ。ゲームのつもりで、長所探しの習慣を持とう。

「あの人はこんなところがすごいんですよ」と、他人の長所を見つけて誰かに話していると、「ああ、こいつはいい人間だ」「眼力がある」と思われる。直接、本人に向かって「すごいですね」とお追従《ついしょう》など言わなくても、人間的な評価が上がるのだ。ダメな上司の下から、他の部署へ引っ張られる可能性も出てくるし、出世の糸口にもなるはずだ。

逆に「あの人はここがダメなんです。彼の欠点はここです」などと、切れ味鋭く欠点を指摘している人は、その場では笑いながら聞いていた人からも好かれない。自分がいないところでは、メッタ斬りにされていると容易に想像がつくからだ。

また、悪口は必ず本人の耳に届く。いやがおうにも敵を作ることになるのだから、ますます居心地は悪くなる。「自分は嫌われている」という悪い認知を、自ら作り出すことは避けたほうが賢明だ。

ちょっとした習慣

人の長所を見つけて口にしよう

落ち込んだときのリフレッシュ法を「習慣化」しておく

これまでいろいろと「ツキが転がり込む」習慣術について書いてきたが、負けを大きくしないための一番のポイントはやはり「どうやって悪循環を断つか」ということである。上手く依存できる人間関係を持っていることが大切だし、特効薬としては「あげまん」の彼女、奥さんを持つことだが、「そんなのは一般的ではない！」と、お叱《しか》りを受けるかもしれない。

そこで、パートナーに頼らずに、まずは自分で悪循環を断ち切る方法を考えてみよう。私の周りにいる「お金とツキが転がり込んでいる」人たちは、みんな自分なりのリフレッシュ法、落ち込みからの立ち直り法を持っている。

たとえば、気分が乗らなかったり、どうも調子の上がらないとき、スポーツカーで夜中の首都高速を走り回るという社長がいる。会社がある銀座から自宅にまっすぐ向かわないで、首都高速に寄り道するのである。

首都高速はいくつかの環状線になっているので、七〇〇円払えば一晩中でもぐるぐる走

自分で悪循環を断ち切る

落ち込んだときに気分を変えられる方法を知っていれば、ツキのない状況から自力で浮上できる

①車の運転
②水泳
③仕事を切り上げて早く寝る
④カラオケ
⑤お酒
⑥ゴルフ
⑦昼寝と夕寝

っていられる。社会的地位のある人がルーレット族と呼ばれる走り屋のようなことをして、万一、スピード違反なんかで捕まったら大変だと思うのだが、そういう多少のリスクはありながらも、好きな車を運転するというリフレッシュ法は他に代え難いものらしい。

他には、疲れたらとにかく「泳ぐ」という公認会計士の友人もいる。泳いだり体を動かすことはデスクワークが多い人にはとくに有効な方法だ。

現代人は頭と体の疲れ方がアンバランスだから、諸々《もろもろ》の体のトラブルが起きるとも言われている。頭は極限まで疲れているのになかなか寝つけない、といった経験をしている人は多いはずだ。これは頭は疲れているのに体が疲れていない、という頭と体のアンバランスがもたらすものだ。これを解消するには体のほうも動かして、頭と同じように疲れさせればいい。

落ち込んだときに、これをすれば気分を変えられるという方法論を、一つでも二つでも持っている人は、ツキのない状況から自分で浮上できる。こういった方法論は調子のいいときから探しておかないといけない。なぜなら、落ち込んだときは、新しいことに挑戦する意欲なんてとても湧かないからだ。

リフレッシュ法はなんでもかまわない。すぱっと仕事を切り上げて寝てしまうことで、リフレッシュする人もいるだろう。スポーツが好きな人は、少し体を動かすことですっきりするだろうし、カラオケがいい人もいる。適度なお酒が一番という人も多いだろうし、「ゴルフが最高！」という人もいるだろう。中には風俗に行ってすっきりするという人もいる。

人間は落ち込んで悪い気分を引きずっていると、さらに悲観的になるという共通の性質があるのだが、リフレッシュの方法は十人十色、百人百様なのだ。だから「誰にとってもこれがベスト」とか「そうしなければならない」という方法はないのである。また「こうすべきだ」と思いこんでいると、それでもダメだったときに、余計に落ち込むことになる。

時間の経つのも忘れるほど楽しいこと、没頭できることを見つけてそれを「習慣化」しておこう。これが悪循環を断ち切る上で大切なのだ。だが三十代、四十代と年をとるほどに、深く没頭できることは見つけにくくなる。今、とりたてて趣味がない人は、子どもの頃に楽しかったことを思い起こしてみてはどうだろう。

ツキがなくて落ち込んでいるときはあれこれ考えるものだが、行動が伴わないのでは意味がない。大切なのはどうすれば気分が変わるのかを知っておくことと、それを習慣化して、実際に行なうことである。

感情のスイッチを切り替えるために、ここがもっとも肝心な点だ。

悪循環を断ち切る、日々のちょっとした習慣術

私は昼寝と夕寝《ゆうね》を習慣づけている。昼食の後と、夕食の後に二〇~三〇分間、意識して仮眠を取るのだ。夜仕事をしていても、どうしても眠くなったら眠ってしまう。仕事が終わっていないからと、だらだらと仕事をしたりはしない。仕事がはかどらないまま無理に夜更かしして、さらに能率が下がるという悪循環を断つために、意識的にそうしているのだ。

外回りのサラリーマンがマンガ喫茶でさぼるのも、仕事の能率がすっかり落ちているときなど有効だ。上司に叱られて気分のくさくさしているままでは、顧客のところに行ってもろくなことにはならないし、新規開拓などできはしない。それよりも、一時間だけ大好きな作品に没頭して、再出動したほうがずっといい。

デスクワークで机を離れられないけれども、どうしても仕事が手に付かないというとき

は、自分のいちばん得意な仕事か、確実にできることをする。新しいプロジェクトの企画書を作るのではなく、たとえば領収書を整理して精算するなどの事務作業をするといい。事務作業や雑用だって仕事のうちなのだから、曲がりなりにもそれをしていれば、「今日は落ち込んで何もできなかった」とさらに落ち込むことを防ぐことができる。

小さなことでもかまわないから「自分はできる」ことを確認することが大事なのだ。これは誰にとっても効果的である。営業マンなら、新規開拓よりもなじみの得意先を回る。苦手なことは後回しだ。悪い循環のときは、自分の欠点や仕事の不出来が余計に目につくものだから、ますますはかどらなくなるためだ。

また、頭を使う難しい仕事は朝、疲れてきた午後からは外回りや事務作業に当てるという時間の使い方もいい。朝は雑念も湧かず、誘惑的な環境もないので集中しやすい。同じ仕事でも、眠い午後にやればだらだらと三時間かかるものが、朝なら集中して一時間でできたりするものだ。

認知科学の考え方に基づくと、悪い循環のときはムリをせず、それなりにやり過ごしたり、乗り切ったりするほうがずっと現実的だ。気分が乗らないことの原因を探り当てて、元から断とうというのは時間もかかるし、原因というよりは「何となく落ち込む」ということも多いのが人間だから、たいして効果的ではない。

ところで、何をするにしても、一回だけだったり、気が向いたらたまに行なうのは習慣とは言わない。繰り返し行なわれていて、決まりごとのようになっていることがポイントだ。

あるライターは、言葉が思いつかなくて同じ言い回しが増えてきたなと感じたら台所に立つ。一〇分ほどで、さっとチャーハンを作るのだという。中華鍋《なべ》に油を入れて煙が出るくらいに熱して溶き卵を入れ、数秒でご飯を投入、一分後にみじん切りの白ネギと具を入れて……と、手順を体が覚えていて、煮詰まった頭に「リセット」が効くのだという。

また、この数年、東京では自転車通勤がちょっとしたブームになっている。買い物用の、いわゆるママチャリと呼ばれる自転車ではなく、細身で軽量のロードレーサーといわれるタイプにまたがって颯爽《さっそう》と走る。電車の乗り換えや渋滞を考えると、むしろ自転車のほうが速い場合も多いのだ。二〇~三〇キロの距離を通勤する強者《つわもの》も少なからずいる。

自転車通勤をしている人に聞くと、異口同音《いくどうおん》に「気持ちがいい」「リフレッシュ効果が抜群」「気分転換できる」という。

適度に体を動かし、視覚や聴覚を働かせて歩行者や自動車の動きに注意し、想像力まで総動員しつつ安全を確かめながら、かなりのスピードで走るわけだ。日々の仕事とはまったく違う、体と頭の働きを毎日のように繰り返すことになる。たしかにこれなら、悪い循環を寄せ付けない効果もあるかもしれない。

ちょっとした習慣

落ち込んでいるときは確実にこなせる仕事、作業で手を動かす

仕事は「量」でこなすとツキも戻ってくる

仕事に追われているときに、調子が上がらなくなることもある。先に延ばせるならいいけれども、とにかく締切が迫っていて何とか片付けなければいけないという状況はしばしば起きる。

私は学生の頃、雑誌でライターの仕事もしていたのだが、いくつもの仕事を並行して抱えるのが普通だった。仕事を同時にたくさん抱えると大変そうに思えるが、ある仕事で原

稿が進まなくなってくると、ぱっと別の仕事に取りかかることを習慣づけていたので、かえって効率はよかった。頭が切り替わるので新しい視点も見つかりやすいし、全体の仕事の進捗《しんちょく》状況も改善するのである。

私は受験生のときから、この方法で勉強してきた。物理で煮詰まってきたら、英語に切り替えようというやり方だ。それぞれを二時間ずつ勉強しよう、と決めておくような、時間で分配する計画は立てなかった。逆に気分よく乗っているときは、その科目を集中的に勉強するわけだ。

勉強法や仕事術について、あちこちで述べてきたことだが、計画を立てるときのコツは「時間」ではなく「量」で目標を立てることだ。「報告書を書くのは一時間」とか「数学は毎日二時間」などと決めておくのはあまり意味がない。

今、原稿を書くときも、乗っているときは書けるだけ書き続けるようにしている。とくに今はパソコンで打っているから、後からいくらでも修正が利くからだ。原稿用紙の二〇～三〇枚分を一気に書いておくと、直すのは空いた時間でできる作業になる。

勉強にしろ仕事にしろ、調子の出ないものを延々と考えているから煮詰まるのである。「報告書と会議資料を書かないといけない。製品リストも作らなくては」というときに、どこかで引っかかったまま考えが堂々巡りをすることがある。そんなときは、さっさと次の仕事に取りかかることだ。

そう考えると、仕事で量をこなすことはリスクヘッジになる。私が飛び抜けてツイている人間だとは思わないが、「これがダメならあれ、それもダメならこっち」と思えるわけだ。しかもこうしてたくさんの釣り糸を垂らしておくと、何かひとつはヒットするものだから、結果的にはいつもそれなりに成功している。

ちょっとした習慣

仕事は常にいくつかを並行して抱え、「煮詰まったら次」と切り替えてこなそう

仕事ができる人は「逃げ方上手」

新入社員や二十代で若手の「修業時代」は、たくさんの仕事を任されるわけでもないが、不得意な仕事だからといって避けることはできない。こうした立場では、先輩に素直

に質問したり教えてもらうことだ。

説明や指導の上手い先輩を見抜いて、教えを請うのがベストだが、選り好みできない場合もあるだろう。そんな場合、進んで質問に行ったり相談していれば、「やる気がある」「素直で積極的だ」と評価もされる。人に好かれるので、ツキや運も回ってくる。もちろん、仕事も身に付く。

この時期は、人に素直に頭を下げる効用を知るとともに、いい先輩を見抜く観察力を身に付けるチャンスだ。これは他人の能力特性を分析する訓練でもある。

やがて中堅になると、人に教えてもらうばかりではいられない。自分も先輩や上司という責任が増してくるし、仕事の「できる人」、「できない人」と日々、評価されることになる。ここで「できない人」になってしまって、ツキに見放される人もいる。だが、それは能力の差よりも、仕事上での習慣の違いによるところが大きいのである。

仕事のできる人の特徴は、自分が何が得意で、何が不得意なのかがよくわかっていることだ。つまり自分の能力特性を上手く分析しているのである。中には、どんな仕事もオールマイティにこなせる万能選手もいるだろうが、たいていの人は、得意・不得意があるものだ。それでも「できる人」といわれるタイプは、「得意な仕事」を積極的にこなし、「不得意な仕事」から上手く逃げているのである。

逃げている、といってもずるいとか卑怯《ひきょう》という見方は当たらない。ビジネスの現場は結果で評価されるのだから。苦手なことを無理に引き受けてしまうと、労多くして結果も伴わないから、「時間ばかりかかってできないヤツ」のレッテルを貼られてしまう。

上手な逃げ方とは、たとえばこんなことだ。新しいプロジェクトが始まって、五人のチームが編成されたとしよう。自分の得意・不得意がよくわかっていれば、仕事の分担を打ち合わせるときに「これでしたら安定した仕入れ先の確保が大事ですよね。そこは私がやりましょう」と、得意な仕事をまっ先に買って出ればいいのである。

これまでの経験から得た人脈が活かせたり、大学でしっかり学んだことがあるといった、自分の能力特性をきちんと把握していれば、結果につながる仕事を、引き受けることができるものだ。逃げる、というよりは自分の得意分野で仕事を埋めて、不得意なことを押し付けられないように立ち回ることが大事なのだ。

観察力と気づく力を養う「ミニ改革」

出版界の立志伝中《りっしでんちゅう》の人物としても知られる、ある出版社の創業社長は、ことあるごとに「ミニ改革」を社員に勧めている。

駅までの毎日の通勤路を、路地を一本だけでも変えてみる。会社では、机に置かれた電話の位置を変えてみる。もちろん昼食に街に出たなら初めての店に入ってみる。夜はなじみの酒場ばかり行かずに、新しい店を探してみる……などなど、些細《ささい》なことでも、決まりきっていることを毎日ひとつは変えるのだ。

当然、新しい発見がある。「ああ、この家はこんな大きな犬を飼っていたのか」「古いけれど手入れの行き届いたベンツがある」など、観察力が刺激される。気づく力も養われる。何も新しい発見がないとしたら、かなり落ち込んだ気分になっているのだというセルフチェックもできる。

「観察力」と「気づく力」は、自分や他人の能力特性の分析にも欠かせないし、何よりも「認知」にとって必須の能力である。自分自身の状態（感情）が把握できてこそ、ツキも引き寄せられる。毎日の「ミニ改革」を習慣化することは、そうしたことの基本的なトレーニングを積んでいることになる。

現代は、変化のスピードがますます速くなっている。時代を的確に読む力がビジネスの成否の分岐点になっているのは言わずもがなのことだ。

「自分はツイている」「上手くいく」という好循環の気分を維持するためにも、毎日の「ミニ改革」を習慣化しよう。

4章　「まず小金持ちになる」ための習慣術

――「年収300万から3000万へ」というファースト・ステップ

時代の変わり目を読めない人間が「ツイていない」と嘆く

現代がどういう時代か、前章までいろいろ述べてきたけれども、はっきりしていることがひとつある。それが「始めたもの勝ち」「やったもの勝ち」ということだ。

「おれは楽天《らくてん》と同じことを考えてたよ」などと、いくら言ってみてもどうしようもない。始めれば必ず儲かるとはもちろん言えないが、何もしないで金が降《ふ》ってくることは絶対にない。まったくの運任せの代表が宝くじだが、それだって買わなければ当たらない。

なぜこれだけしつこく、「始めること」にこだわるかというと、現代は「受け身型の人間が徹底的に搾取《さくしゅ》される時代」だからだ。おとなしくしていても儲からない。給料は上がらない。それどころか下げられる。

受け身型でいるかぎりは、年収三〇〇〇万円あたりに収束していく。そこで「まあ年収三〇〇万円でも食っていけるからいいや」と思っていたら、さらに年収一〇〇万円にまで押さえつけられかねない時代なのだ。

こうした時代の変わり目を読めない人間が、結局、「ツイていない」と嘆くのである。

いやがおうでも時代は変わっているのだ。

「いやいや、会社に滅私奉公《めっしぼうこう》すれば、まだ定年までは置いてくれるだろう」などと甘いことを考えていたら、社長が替わるなり、システムが変わるなりした途端、人生設計はひっくり返る。「もう邪魔になったんだけど」と放り出されても、そのとき五十代になっていれば、ほとんど潰《つぶ》しは利《き》かない。「なんておれはツイてないんだ。三十代半ばぐらいで見切っていれば、いい話もあったのになぁ」などと悔やんでも後の祭りである。

ツキとは「時代に乗る」ことだ。時代背景が変わっているのに、バカの一つ覚えみたいに同じ価値観を信じていては不利益を被《こうむ》る。まさに「信じるものはバカを見る」と言わざるを得ない。

かつて私は著書『受験は要領』で「なるべく手を抜いて勉強しなさい」と説いた。その一方で試験は点を取らないと意味がないと主張して、そのための勉強法を示したのだ。今、私が学力低下を嘆き「勉強しなければダメだ」と言うと、「和田は言うことが一貫していない」だの「変節した」だの言われる。

だが、それだって社会背景がまるで違う。たとえ一流大学でなくても、多くの人たちが受験して合格を目指した時代は、受験戦争に勝ち抜かないと大学に入れなかった。しかし、少子化の影響と大学の増設によって、二〇〇七年には大学の新入生の定員が受験者数を上回るのだ。つまり大学さえ選ばなければ、誰でも大学生になれるのである。そんな背景からか、勉強量が減り、基礎学力が著《いちじる》しく低下し、このままでは日本の将来が危うい と感じているからこそ勉強が大事だと主張しているのだ。

学力低下を招いた張本人が、学力低下を語るのはおかしいじゃないかと難癖《なんくせ》をつける人がいるが、受験生が効率的な勉強をすることが、学力低下につながったのではない。第一、和田式勉強法はペーパーテストの点を上げるためのものだ。「ゆとり教育」と称するでたらめな施策《しさく》や、勉強に価値を見いだせない社会を作り上げてしまったことが原因なのだろう。

社会背景が変われば、大切なこと、主張しなければいけないことは変わってきて当たり前である。「要領のいい勉強法」を主張することと、「基礎学力が大事」という主張の間に、じつは違いはない。

私が一貫して主張しているのは「勉強することの大事さ（それも要領よく）」であり、多少ずるい勉強法でも勉強をやったほうがいいということに変わりはない。その表現方法が、時代背景によって変わっているだけなのだ。

夢を語り合える酒飲み友達を見つけよう

「やったもの勝ち」の時代に実行する原動力になるのが、人間関係であり、パートナーだ。

尊敬する先輩であれ、相談相手であれ、あげまんの女性であれ、「これ、いけるよ」と言ってもらえることは大きな力になる。自分を認めてくれる人の存在やパートナーは、前向きになる力を後押ししてくれる。

ところが逆に、後ろ向きで居心地のいい人間関係もあるから注意が必要だ。たとえば「まあ、年収三〇〇万円だって生きていけるからいいや」と、会社の同僚たちと安い居酒屋で愚痴を言いながら飲んでいる場合。

愚痴を言っているうちに、「まあいいか」と本当に思ってしまうのが人間である。自殺しないで済むというメリット（これはもちろん大きなメリットである）はあるけれども、愚痴の言い合いは決してツキを呼ばない。負け犬の仲間を増やしているだけだ。

仲間と飲むのが悪いわけではないけれども、自分の不満を聞いてくれる人を探すよりは、自分の夢を聞いてくれる人を探すことがずっと大切だ。「住宅地で主婦を集めて犬の散歩を引き受けるビジネスはどうだろう」「一杯五〇〇〇円の超高級ラーメン店はいけるんじゃないか」「老人向けのグルメ情報と店に連れて行く会員組織」など、アイデアを語って飽きない仲間がいるはずだ。

夢を語っている友人たちの話をいくつか聞いてみて、「こいつの夢が一番使えそう」と思う嗅覚《きゅうかく》を磨くのもいい。「朱《しゅ》に交われば赤くなる」のことわざが示すように、愚痴仲間といれば愚痴っぽくなり、夢を語る連中とつき合っていれば、夢が広がっていくのが人間の性質だ。

どうせ酒を飲むのなら愚痴をこぼし合う仲間よりも、夢を語り合う仲間を見つけよう。当然、ツキをたぐり寄せるのは、こういう人間たちなのだから。

ちょっとした習慣

「大ボラ吹き」と陰口を叩かれているような友人と酒を飲みに行こう

アメリカの優秀な学生がベンチャーへと向かう理由

アメリカではできる人間ほど、まともに就職しない。二〇年くらい前までは、日本と同じように一流大学から一流企業へという道筋があったのだが、今はすっかり様変わりしている。大企業への就職は「上の下」のすることで、優秀な学生ほどリスクをとってベンチャーの世界に飛び込むのだ。

時代はストックからフローへと変わってきている。何がブレイクするかわからないけれども、当たれば数百倍から数万倍になって返ってくるのが、フローの時代の特徴だ。「期待値」が非常に大きい。

対してストックの時代は、条件を整えれば当たる確率が高かった。条件とは、資金の大きさであり、担保となる不動産であり、機械設備や立派な店舗である。その代わり、投資に対する利回りは、一桁のパーセンテージだ。日本の企業でいうと楽天と三越、ソフトバンクとトヨタの違いを見るとよくわかるだろう。

元手が大きいほど確実に儲けられるのはフローの時代も同じだ。しかもはるかに巨額の儲けが出る。ITベンチャーの場合、投資話として持ち込まれるのは、一口五〇〇〇万円くらいのものだが、それで一〇〇億円を目指す。

私の収入規模だと五〇〇〇万円を出すか出さないかは、頭を絞り抜いて考えることになるけれども、ポンと出せる人にとっては、一〇〇の案件に張って、三つ当たれば大儲けということになる。ベンチャー・キャピタルと呼ばれる投資会社がやっているのがこれだ。

しかも彼らの場合は——話は脇道に逸《そ》れるけれども、五〇〇〇万円投資したけれど儲からなかった場合、それを五〇〇〇万円で売り抜ける方法がある。ありていに言えば、出資者である顧客にババをつかませればいいのである。

アメリカはこうした社会にいち早く変化したから、時代背景を読んだ優秀な学生ほどベンチャーへと雪崩《なだれ》を打ち、新たなアメリカンドリームを目指しているのだ。

それにアメリカの場合は雇用の流動性が高く、フロンティアスピリットも残っているから、たとえ若い頃事業に失敗したとしても、再起しやすいということも、この風潮を後押ししている。日本社会も活力を取り戻すためには、とくに若者の失敗に対して寛容になる必要があると思う。何もしない守り型の二十代より、若い頃にいっぱい失敗をした攻め型の二十代のほうが、よっぽど頼もしく将来性があると思うのは私だけではないだろう。

「悲観的な判断」がビジネスチャンスを逃す

危険と隣り合わせになっている今の時代に、悲観的に守りに入っていいことは少ない。たしかに損した場合、どこまで損するかという判断や読みは大事だが、だからといって「何もしない」という選択肢は、将来を危うくするだけだ。

自分で起業するだけが、積極策というわけではない。夢をぶち上げて会社を飛び出そうという人間に、ついて行くかどうかという決断もある。

ホラやラッパを高らかに吹き鳴らす「パンパカ男」に誘われたとき、あなたならどうするだろう。ちょっと昔なら会社に残るほうが賢かったかもしれない。定年まで確実に置いてもらえたわけだから、パンパカ男について行くのは、ものすごく勇気がいったはずだ。

ところが今は、会社に残っていたところで一〇年後も、同じように給料がもらえるか、自分の席があるかどうかわからない。逆にパンパカ男が上手くいく確率だって、五分の一や一〇分の一はあるはずだ。

一〇年後の会社に残れる確率と、パンパカ男が成功する確率がさして変わらないのなら、会社に残ったときに得られる金と、ついて行ったときに得られる金を比べてみるといい。ついて行ったときに得られる金は桁違いなはずだから、ついて行くという選択肢も蛮勇《ばんゆう》とは言いきれない。しかも、成功する確率はあなたの果たす役割によっても変わりうるのだ。

たとえその挑戦が失敗に終わっても、こういうタイプの男は再チャレンジするものだし、会社と比べたら、そのパンパカ男のほうがおそらく面倒見はいい。

長銀やカネボウのような堅実中の堅実のような企業でも潰れるのだし、いざというとき会社が社員を守ってくれないのはよく知れ渡っている。それならば、自分が心底惚《ほ》れられる男かどうかを見極めた上で、組織という冷たいものではなく、生身の人間に人生を賭けてみるのも一つの方法なのだ。

ちょっとした習慣

昼食のメニューからネクタイの柄まで、日頃から迅速に決断する訓練をしよう

最初の一歩さえ踏み出せれば、強く生きていける

今、サラリーマンに必要なのは、お金とか能力以上に、度胸や自分を信じる力、ツキをたぐり寄せる力だ。つまり、「リストラされたときがチャンスだ！」と思うぐらいの腹の括《くく》り方である。

リストラされても最大で一年間失業保険が出る。一般的に倒産や解雇で仕事を失った際は、自分で辞めた場合よりも、保険をもらえる期間は長くなる。勉強する時間は一気に増加するわけだし、一年かけていちばんおいしそうな会社にとりあえず潜り込もうと考えたり、漠然と考えていた自分のビジネスを始めるチャンスがきたと捉えることもできる。そんな前向きの発想こそが必要だ。

何も、特別のスキルや資格が必要とされるとは限らない。ベンチャー企業では人材難で困っていることが多く、私もときどき「普通の経理ができる人が欲しいんです」という声を耳にする。経理でも営業でも、積み重ねてきた経験と能力が求められる場はたくさんある。

リストラや倒産を「おかげで背中を押してもらえた」ぐらいに思える強さが欲しいが、長く同じ会社で働いていると、最初の一歩が限りなく怖いものに思えてくる。「自分は大丈夫」「ツイている」と思えないとなおさらだ。最初の一歩さえ踏み出せれば、「こんなものか」と思えるのだが、理屈ではわかっても行動が伴わない。

悲観的なものの見方は、人生設計そのものを悪いほうに変える。自分でツイていると思えないのならば、パートナーや友人といった人間関係が重要になるわけだし、それもなければ宗教や占いに自分を肯定してもらうのもいいかもしれない。

「自分の売り物」をもう一度分析してみる

まず「小金持ち」になるために、最初の一歩を踏み出す度胸と同様に大事なことは、自分の長所は何か、自分が人に勝っているところは何かを知ることだ。要するに「自分の能力特性の分析」だ。たとえば人よりも舌が肥《こ》えていることでもいいし、万年筆については誰より詳《くわ》しいといったことでもいい。「とにかく女にモテる」といったことでも立派な長所である。

小金持ちになるためのプロセス

①「自分の長所は何か」を知る

自分の能力特性を
分析する

自分は女性に
もてる

②なぜ長所なのか、分析する

自分の売り物が見えてくる

話術がすぐれて
いるから

③加工して お金につなげる

セールスに使う

何でもかまわないのだが、ギターが上手いとか、ダンスが得意だとかの「芸事的なもの」ではないほうが望ましい。芸事はそれなりに需要はあるけれどもライバルものすごく多いから、それで食べていくのはよほどの力量がないと難しいからだ。

ポイントはその長所が長所たるゆえんはどこにあるのか、分析できるかどうかである。「困るほど女にモテる」ことでは誰にも負けないというのなら、なぜそれほどモテるのかと考えてみることだ。たとえばルックスがいいからなのか、話術が優れていて女あしらいに長《た》けているのか、人に警戒心を与えないからなのか、それともとにかくマメなのか。その理由を子細に検討してみる。そこから「自分の売り物」が見えてくるわけだ。

長所を活かすというのは、何も起業することだけを指しているのではない。人に警戒心を与えないのであればセールスに使えるだろうし、女あしらいに長けているなら女性の多い職場に就職すれば、余人をもって代え難いと重宝されるだろう。そこをきっかけにして女性を使うコンサルティング・ビジネスへの展開だって考えられる。

開き直れば、逆玉を狙《ねら》うという作戦だってある。大金持ちの身内になれば、それだけで人生は大きく変わる。大金持ちとはいわないまでも、東京でまとまった土地付きの娘と結婚すれば、アパート経営で、食べる心配がなくなったりする。となれば、その上で夢を追えばいいわけだ。

ひとつ大切なのは、能力特性を分析したときに、それを肯定的に捉えることである。たとえば「おれは本当に何もできないけど、女にだけはやたらにモテる」というとき「おれってただの女たらしかよ」と卑下《ひげ》したのでは、せっかくの長所も活かされず、ツキを逃がしてしまう。

「これしか取り柄がない」のではなく、「この取り柄をどう使うか」と捉えることで道は開けてくるはずだ。

取り柄を分析したら、次は加工してお金につなげる

長所をさらに努力して伸ばす人がプロなのだし、難関入試に合格する人間は得意科目で点を荒稼ぎして、差をつけることを考える。好きなことを伸ばして金に換えることを考えることが、今以上に稼ぐことの第一歩となる。

たとえば記憶力がいいという取り柄があったとしたら、「簿記《ぼき》の資格を取る」から「司法試験を受ける」まで、勉強に使うという手もあるし、麻雀には記憶力が非常に重要だと

いわれているので、挑戦してみるのもおもしろそうだ。まずは発想することが大事だから、何でもかまわない。

「おれは暗算が速いんだ」というのなら、電卓の時代に計算が速いだけでは金にはならないが、「海外旅行したとき、おつりを暗算できる国はなかったな」と思い出せば、海外で暗算塾、そろばん塾でもしようかなどという考えも浮かぶ。とにかく思いついたものは端から書きとめておくのがいい。

発想のためのヒントを、段階を追って整理すると次のようになる。

まず自分の取り柄や長所の分析である。なぜ記憶力に自信を持ったのか、何を記憶するのが得意なのか、記憶のコツは何なのかなどを分析していく。

続いてそれをどう伸ばしていくかを考える。さらに記憶力をよくするにはどうするか。なかでも得意なジャンルをどう伸ばすかを探ってみる。

そして最後に、それを金に結びつける方法を考えてみるのである。

取り柄にまつわる加工法を工夫することで、まだ誰も手を着けていない意外なビジネスにつながる可能性も出てくるのだ。

なぜ「好きなこと」は金にならないことが多いのか

「好きなことを仕事にしたい」と思っている人は大勢いるけれども、実際に自分の好きなことで食べている人は少ない。ことわざに「好きこそものの上手なれ」とあるように、たいていの場合、好きなことは長所なのだけれども、それ以上に伸ばしたり磨いたり、さらに金に換えたりすることは意外に難しい。なぜなら「おれは得意だ。できる」で満足してしまい、それを金につなげようと発想しないからだ。ベストアマもそういうものである。好きなことであれ、長所であれ、ただ持っているだけではツキにも金にも変わらない。それをアウトプットして動かし始めるとツキが回るし、金に変わる。「なんとか金にならないか」と思っている人が、それを実行できるのである。

ただし、どんな取り柄がどう化けるか、決まった道筋はない。

ワインの格付けで有名なロバート・パーカーは、従来の玄人《くろうと》やマニア向けではなく、素人《しろうと》の舌から見た美味しいワインを見分ける能力でガイドを作って世に出た。グルメの舌で評価した美味しいワインの案内はいくらでもあったのだが、あまりワインを飲んだことのない素人にとっても美味しい、という案内はそれまでなかったのだ。

彼自身ソムリエでもなんでもないのだが、学生時代に仲間たちと生まれて初めて高級ワインを飲んだとき、思ったよりも美味しくなかったことが出発点となっている。じゃあ、自分で美味しいワインを探そうと思い立ったのだ。

また、テレビ東京の人気番組『TVチャンピオン』がすごいと思うのは、人間の取り柄というものが、じつに幅広く多岐にわたっていることを見せてくれるからだ。「ラーメン王」に始まって、「ケーキ王」「おたく王」「コンビニ王」だの従来の常識では、長所や取り柄とはされなかったことに光を当てた。

今のところ、チャンピオンになってそれが仕事になったのは「ラーメン王」くらいだが、「ケーキ王」も「おたく王」も積極的に売り込んでいけば、その道評論家やアドバイザーとして食えると思うのだ。「コンビニ王」であれば、「コンビニのアドバイザーとして自分より向いている人間はいない」と、コンビニチェーンのトップに、優勝シーンのVTR持参で直談判《じかだんぱん》ぐらいしてもいい。

テレビには出ていないけれども自分のほうが上だと思えば、インターネット上に情報ページを作ってみる。コンビニでもケーキでも、そこで素晴らしいと褒めた商品が売れるようになれば、アドバイザーへの道も開けるだろう。注目度の高いホームページなら、アフィリエイトという仕組みで稼ぐこともできる。そこに掲載した広告を訪問者がクリックして、リンク先で商品やサービスを購入すると、成果報酬額が支払われるものだ。

今は簡単にホームページを作れる時代だから、インターネットを活用しない手はない。ロバート・パーカーは、最初ガリ版刷りで始めたのだ。取り柄そのもののレベルが高いことはもちろんだが、それを「どう金に換えるか」という加工技術が問われているのである。

ちょっとした習慣

自分の取り柄は積極的に人に売り込む。ホームページも上手く活用しよう

「学歴を活かして中小企業」という裏技

「取り柄は学歴」というなら、こんな活かし方もある。世の中には、社員三〇人ほどで一見みすぼらしいけれども、年商数十億円と確実に儲けているような中小企業がある。そうした会社に、たとえば東大生が就職を希望すると「うちの会社に東大出の新卒が来たぞ」と社長は大喜びするはずだ。早稲田、慶応はもちろん、いわゆるマーチ（明治・青学・立教・中央・法政）あたりも、まず大歓迎で幹部候補生として採用される。

そこで頭角を現わすのと、下手に大企業に入って同じようなレベルの連中と出世競争に明け暮れるのと、どちらが大化けする可能性が高いかというと、優良な中小企業である。

そろそろ上場しそうな優良な中小企業を探すこともひとつの手である。社内持ち株制度やストック・オプションがあれば、上場で大儲けができるし、そういった制度がないならば、早く出世して自分でその制度を作ればいい。大企業でのリストラが今も続いている現状を考えれば、優良な中小企業を探すことの意味は、ますます大きくなっていると言える。

これからの時代は、あらゆる「取り柄」を駆使して、「ツキの好循環」を生み出すことが大切なのだ。学歴にコロリと参る人が意外に多いのだったら、それを使わない手はない。

自分は「親分タイプ」か「子分タイプ」かを知る

長所を分析していくと、自分は「親分タイプ」か「子分タイプ」かも見えてくる。「ラーメンなら日本一詳しい」「コンビニのことなら任しておけ」など、圧倒的に人に勝るものがあるなら親分タイプかと思われがちだが、それ以上に大切な要件がある。それが「他人の長所を見つけられる」かどうかである。

他人の長所を探すことが上手い人は、人を使う能力が高いのだ。他人の長所を自分の能力にプラスして、それを使って金儲けもできる。というと、人を利用するだけの冷酷非情な人間のように思われるかもしれないが、誰だって長所を認めてもらえば嬉しいのだ。認めてもらった人は、自ら進んで嬉々《きき》として働くことになる。

相手の長所を見つけるのが上手い人は、物事を肯定的に捉えるので、もちろん自分の長所を見つけるのも上手い。じつはそれが「ツキ」でもある。名経営者には名番頭がつきものだが、長所を見つけるのが上手い者同士が出会うと、お互いを見抜き合って、親分とサポート役の関係が自然にできあがる。

逆に、欠点を探して批判したところで、その人の能力が上がって働くかというと、決してそうはならない。的確なコーチングができるならともかく、ダメなところを指摘するだけでは「そんなことはわかっている」「いちいちうるさい」と反発を招くだけである。

先にも触れたが、ダメなヤツを見下したり、バカにしたり、怒ったりしていると、自己満足が起こってしまう弊害《へいがい》もある。また、欠点を修正するのは、上手いアマチュアになる方法だ。欠点は際限なく見つかるものだし、欠点を全部直してもプロにはなれない。いちばん価値の高い部分を引き伸ばしていって、飯の食えるプロになるのが大切だ。

長所よりも短所が目にとまりやすい人は、少なくとも親分タイプではない。ならば子分として有能かというとそうでもない。ものの見方が否定的な人は、ひがみやすく、その結果ツキも回ってこないのだ。

いい親分を見つければ大金持ちになれる

親分タイプでなければ金持ちになれないかというと、決してそうではない。子分タイプであってもツイてる人を見極める能力が高ければ、一緒に金持ちになれる。番頭だからといって貧乏というわけではないし、番頭から出世して親分になる人もいる。

トヨタの名番頭、石田退三氏は、創業者の豊田喜一郎氏が退任しトヨタ自動車が倒産の危機に瀕《ひん》したとき、社長に就任して見事に立て直している。「中興の祖」の呼び声も高く、今日のトヨタ独走の基礎を作って、後に会長にもなっている。ホンダの藤沢武夫氏は、副社長のまま、本田宗一郎氏とともに爽《さわ》やかに経営の舞台を去ったけれども、もちろん経済的には大成功者である。

フロー型の現代、とりわけＩＴベンチャーの場合はもっと手っ取り早い。楽天、ソフトバンクといったところには、社長と歩みを共にして億単位の金を作った社員がたくさんいる。最近のベンチャーは早め早めに株を持たせてくれるから、いい親分にくっついていたおかげで大金持ちになった人は、唸《うな》るほどいるわけだ。「なんでこいつが副社長？」と言いたくなるような若造（失礼）が、側近になったおかげで、何億円も持っていたりするのだ。

ではどうやって親分を選ぶかとなると、それもじつは自分で呼び込める種類の「ツキ」なのだ。

これからは社内ベンチャーもますます活発化するし、子会社の社長として出向していくことも増える。その際、大化けしそうな親分について行くのも、ひとつの選択肢である。ローソンが四三歳の新浪剛史《にいなみたけし》さんを三菱商事《みつびししょうじ》から抜擢して社長に据えたとき、おそらく「ついて行きます」という部下もいたのではないかと思う。

社内ベンチャーなどの場合、親分だって心細いものだから、気心の知れた人間を何人か連れて行くものだ。そうしたとき、新社長が抜擢したくなるのは、仕事の能力もさることながら、自分にツキを与えてくれそうな人間だ。多少のスキルがあっても、悲観的で周囲を暗くするようなタイプは敬遠される。

そうした子分が「この親分はツイている」と思うと、とことん信じて献身的に努力するから、会社はますます大きくなる。

後から入ってきた人たちは、社長のツキをとりたてて信じたりはしないけれども、創業時から社長を慕《した》ってついてきた部下なら、「社長はすごい。ツイてるな」と、心底思っているものだ。子分の信頼が伝わってくれば親分はますます持てる力を発揮できるようになる。子分の心酔がさらに力を呼ぶという「ツキの好循環」が起こるのだ。

「一目惚《ぼ》れ」が危険な行為である理由

もちろん子分だって、誰でもいいからとついて行くわけにはいかない。「ツイてるように見える親分」を客観的に評価して、見極めないといけない。

盲目的に理想化するのではなく、投資家が投資先を評価するように、冷静な目を向けてみることだ。親分の長所について「ここは完全に運の部分だ」とか「ここは才能の部分」などといった分析も必要になる。

前述した「心酔する、される」という関係には、ひとつだけ注意すべき点がある。軌道《きどう》修正が利きにくいということだ。

心酔しているときは、相手が欠点がない完璧な人間に思えたり、一〇〇パーセント正しいように感じたりする。これで上手くいけばいいのだが、下手をすると、裸の王様とイエスマンという関係になりかねない。

これは男女関係でもまったく同じで、惚れてしまえばあばたもえくぼになってしまう。しぐさも容姿も性格も、細かいところまですべてが好ましく思えるものだ。

ところがこういったケースでは、ひとつ欠点が目についた途端に、急にすべてが嫌いになるということがしばしば起こる。なぜならこの関係は、相手のいい部分だけを見てすべてを理想化し、徹底的に惚れているわけで、ひとつ欠点が見つかると、逆にその相手のことがすべて悪く見えてしまいがちなのだ。こういった人間関係を、精神分析学の用語では「部分対象関係」という。

それに対して、相手にいい面も悪い面もあるのを知っていながら、その人の全体を把握して惚れるのを「全体対象関係」といい、「部分対象関係」と比べると心理的な成熟度のレベルが高い。

全体対象関係では、欠点は欠点としてわかっていて、それでも好きになる。だから、ダメな部分を補おうとする意識が働いたり、欠点が少し見えたからといってそこで嫌いになったりしないから、人間関係も長続きする。こうした男女は多少揉《も》めることがあってもなかなか別れない。

親分選びの要点はここである。心酔はしているけれども、客観的で冷静な視点と行動も求められるのだ。「流れを読む力は天才的だけれど、この人、実務ができないからな」と尻拭《しりぬぐ》いする、面倒を見るのが大番頭だ。

具体的な方法論としては、一目惚れ、ベタ惚れしないことだ。第一印象がすごくいいと、すぐに相手に心酔してしまうような人がいるが、これは危険な行為だ。たとえ第一印象がよくても、冷静に相手を評価していくことが大切だ。部下が社長に心酔して、部分対象関係にあると、社長の判断力もものすごく低下してしまう。これではツキの善し悪しどころか、社業が傾く可能性も高くなってしまう。

社長としても、心酔してくれる部下は大事だけれども、自分の欠点もわかってくれた上でないと、後が怖い。「心酔しているけど、見るところは見てるよ」という関係が理想なのだ。

ちょっとした習慣

「すべて素晴らしい」も「全部ダメ」も、世の中にはない

なぜ、正直者が結局はツイているのか

自分の欠点を見せたくないという人がいる。たいした欠点ではないのだろうし、そもそもなにがしかの悪い面は誰でも持っているものだが、それを隠そう隠そうとしていると、ツキが逃げていく。

ツイていない人は、つい余計な隠し事をして、さらに自分の立場を苦しくしてしまうという面がある。恋人同士や夫婦といったプライベートな関係であれ、上司と部下の仕事上の関係であれ、人間は、秘密や隠し事を抱えてその相手と会うのに苦痛を感じるものだ。

もっとも女性を口説いていて、一回こっきりの関係を狙っているのなら、いくらでも隠しておけるだろうが、長く続く人間関係での隠し事はつらい。

しかも、隠し事がバレて、万が一その秘密を握られたときは、圧倒的な弱味になることもあるし、心理的にものすごい負担になる。

上司と部下の関係でいえば、少し仕事が上手くいかなくなったときや、ミスがあったときに、早目に伝える部下と、ずっと隠していて最後にどうしようもなくなってバレる部下

がいる。自分で抱えておくのが嫌で上司も巻き込んでしまおうと、悪いことほど早く報告しようと思う人も中にはいるけれども、悪いことほど隠して挙動不審《きょどうふしん》に陥る部下のほうがよっぽど多い。

当然、隠したまま仕事をしている本人もつらいし、パフォーマンスも落ちる。隠し続けた結果、傷が大きくなる、つまり会社のダメージも大きくなる。そして上司に叱られる、「おれはダメだ」と落ち込む。さらに疎《うと》まれたり、失敗を恐れるあまり墓穴《ぼけつ》を掘ったり、といった悪循環にはまる典型的なパターンだ。

横領《おうりょう》したとか、人を殺して埋めたといった犯罪でもないかぎり、絶対に隠さなければいけないことなど、冷静に考えてみればほとんどないのである。人間の自意識は過剰になりやすくて、こんな失敗がバレたら恥ずかしくていられないと思いこんだりするが、じつは周りはそれほどあなたに関心があるわけではない。自分に関して他人がものすごく見ているように感じるのだが、じつはそうでもないのだ。

だから、よほどのことでないかぎり、最終的には正直者のほうがツイている。とくに人生が長くなっていけば長くなっていくほど「あの人は嘘《うそ》をつかない」というだけでも価値が出てくる。

私は、会ったことのない人に理不尽な批判をされたり嫌われたりすることが多いのだが、仕事関係などで面識のある人からはあまり嫌われていないと思う。手前味噌《みそ》になるが、これは私が嘘をつかないからだと考えている。正直者だからではなく、嘘をついて得をするとは到底思えないから嘘をつかないのだ。「嘘をつかない」「悪いヤツじゃない」などと思われているだけで、案外、それほど人に嫌われないし、仕事も絶えることがない。道徳的な意味だけでなく、実利にも結びついているのである。

また、嘘をつくと、ついた嘘のことをずっと覚えておかなければならない。嘘の辻褄《つじつま》を合わせることにもエネルギーがいるし、それもまたストレスとなる。

そんなことにエネルギーを使うよりは、嘘をつかないことをポリシーにして、「ツキの好循環」を維持し続けたほうがよっぽど得策だ。

自分を卑下しているとツキが落ちる

前にも述べたが、人は特別に嫌いな相手でないかぎり、相手の欠点よりも長所を見ている。「この人とつき合おうか」「つき合うのはやめようか」と考えるときは、相手の長所を見て判断することが多いのだ。相手の欠点を見て「やめておこう」と思うケースは少ない。いけ好かない相手や、結婚相手のように四六時中顔をつき合わせなければいけない場合なら別だが、普通は欠点などろくに見ていない。

さらに人間には、「自分に関しては長所より欠点のほうが目につき、他人に関しては欠点より長所のほうが目につく」という認知構造があることも知っておいたほうがいい。隣の芝生は青く見えるわけだ。

自分に自信のない人の中には、同情を求めているのか、弱味を売り物にする人もいるけれども、これは勧められない。自分を卑下しているとツキは落ちるし、卑下したからといって好きになってくれる人が現われるわけでもない。あるいは、「私ごときと仕事はしていただけませんよね」と卑屈なまでに謙虚な言い方を聞いて、「ああ、この人は腰の低いいい人だ」と思う相手はまずいない。

それというのも、欠点を正直に見せたところで、相手はこちらが思うほど見ていないからだ。わざわざ見せる必要もないのに、欠点を「これもあります、これもあります」と開《かい》陳《ちん》していたら、長所を見せることができないから、好かれようがない。

だから、普通にしていれば、相手は自分のいいところを見てくれるし、弱みを見せてもそう簡単には嫌われないということを知っておいたほうがいい。自分についてはとくに「減点主義」で考えがちだけれども、相手の認知は「加点主義」なのだ。厳しいことを言えば、欠点があるから嫌われるのではなくて、長所がないから好かれないのである。「いいことも悪いこともしなかった人」よりも、「悪いこともしたけれどいいこともした人」のほうがツキがあるし、幸福な人生が送れるものなのだ。

ちょっとした習慣

卑屈と謙虚は紙一重。謙遜《けんそん》するより自分の長所を相手に伝えよう

一〇〇〇人に嫌われてもいいから一〇〇人のコアなファンを持て

ツキを呼ぶためには、人に嫌われないことよりも、深く好かれることのほうがよほど大切だ。

自分のことを嫌っている人間と、好いている人間が同数いたとしよう。人に嫌われるの

は気持ちのいいものではないけれど、殺されるほど嫌われていないかぎりはたいした影響はない。好いてくれる人間が同じだけいれば、妨害行為もまずできるものではない。好いてくれている人間は、じつは「使える」のだ。というと利用するばかりのようで聞こえが悪いが、精神的な支えになるばかりでなく、実際に金にもなる。

歌手でも作家でも、熱心なファンが二〇〇〇人もいれば、一生食っていける。新興宗教の教祖は、熱心な信者が二〇人いれば食っていけるという話もあるし、ファンが熱烈であればあるだけ、少数でもよくなる。移り気な浮動票よりも、コアなファン層に絞り込んだほうが確実だし実入りもいい。

たとえば私の批判者もたくさんいるかもしれないが、熱烈なファンがいるかぎりは食べていけるのだ。

少数でも熱心なファンがいたほうが、必ず金になるのだと考えると、自分の考えやビジョンを鮮明に示すことが大事だということがわかる。つまり、中途半端な、二股膏薬《ふたまたごうやく》みたいな態度では誰の心にも届かないし、そんな発言は誰がしてもいいことになってしまう。

ことあるごとに、自分の意見をはっきりさせて、旗幟鮮明《きしせんめい》にしておくことで講演会にも呼ばれるわけだし、ファンもつくのだ。

これは社内の人間関係だろうが、パートナー選びだろうが同じことだ。万人に好かれようと思う必要はなく、多少敵がいても気にならないくらいに、確実に深く好かれることが大事なのだ。

これは欠点を矯正《きょうせい》するより、長所を伸ばしていくほうがいいということと共通する。長所を伸ばすことによって、また好いてくれる人間も増える。忠誠心の厚い部下や、献身的に支えてくれるパートナーも集まる。

ビジョンをはっきりと示しておくことで、共鳴してくれる人々からも大きな力をもらう、という好循環が生まれるのだ。

本音で語ることで、物事の本質も見えてくる

欠点のない人間になろうと悪い点を隠すよりも、多少は偽悪的であっても、包み隠さずに本音を示したほうが人からは好かれるものだ。

私が一方では嫌われながらも、また一方に熱心なファンがついてくれているのも、常に本音で物事を語っているからだと思っている。多くの人が思っているのだけれども、表だ

って言わないこと、たとえば学歴社会はよくないというけれども、現実にはいい学校を出ていたほうが得じゃないか、といったことを私は明言してきた。

信念と言うほど大袈裟《おおげさ》なものではないが、思ってもいないことを言ったり書いたりしても仕方がないと私は思っている。少なくとも私の本を読んだ人間が、「和田は本当のことを言っているな」、と思ってくれるように常に本音を書いているつもりだ。内容の是非については、読者それぞれの主観で判断していただければいい。

本音で語ることは、物事の本質を考えることにもつながっていく。

一例を挙げるとテレビや新聞などのマスコミは、「学歴社会は終わった」などと誰が見ても嘘だとわかるきれい事を、良識だといって平気で流す。ならばテレビ局も学歴に関係なく採用すればいいのだが、現実は一流大学の卒業生ばかりを採用している。それだけの学識が必要なのかというと、実際に番組を制作しているのは学歴のない制作会社のスタッフだったりする。正社員が制作会社を安いお金でこき使うという階層社会ができあがっているのがテレビの世界だ。

現代は就職に際して、ますます学歴で判断される時代になっているのだ。その理由をひとつ挙げると、学歴と実力の相関がはっきりしてきたからだ。昔も今も、学歴があってもダメな人間はいる。ただ、以前よりもずっと、学歴が当てになるのだ。

というのは、たとえば昔は、二流大学の学生が読む本も、東大の学生が読む本も違わなかった。そもそも二流大学とはいえ、勉強しなければ入れなかったし、偏差値で見れば下だったかもしれないが、受験者数も多かったから勉強しなければ合格できなかったのだ。ところが、今はそれらの大学に入るのが、もう想像を絶するぐらい易しくなった。そこそこ有名な大学でも実質的な競争率が一倍を切っていて、名前を書けば受かるようなケースも出てきた。

その結果、普通に日本語を読み書きする能力が、一流校と三流校の間で著しい差がついてしまったのだ。不況の今、企業は採用者をシビアに絞り込んでいるのだから、まず学歴でふるいにかけるという合理的な判断がされつつあるのだ。

「努力する才能」がある人にツキは転がり込む

つい先日も「日本語力」の低下を指摘する調査結果が新聞に出ていた。

独立行政法人「メディア教育開発センター」が、全国約一万三〇〇〇人の学生を対象に実施した調査では、「憂える」の意味を「喜ぶ」、「懐柔《かいじゅう》する」を「賄賂《わいろ》をもらう」だと思いこんでいる学生が多かったという。中学生レベルと判定された学生が、国立大学でも六％、私立大学では二〇％、短大では三五％に達したそうだが、学校別に見るとさらに露骨な差がつくことは明らかだ（そういえば、この調査で中学生レベルと判定された学生では、「露骨に」の正答率は〇％だった！）。

学歴の差とは、昔は勉強量の差だったのだが、今は質の差へと変貌しているわけだ。さらにそれは性格の差にもなって現われる。

かつては二流大学に行く人も、一流大学に行く人と同じく競争好きパーソナリティだったから、「おれは二流大学だけど、会社を作って東大出のヤツを見返してやる」といった意欲もあった。少なくとも「努力する才能」は持っていたわけだし、努力したことが、結果につながることを大多数の人間がわかっていた。

ところが今は、競争好き、努力好きな人間は東大に行くけれど、二流大学に行く人間は最初から「みんなと同じでいいや」と思っていることが圧倒的に多くなっているのだ。

成功体験を重ねてきた人と、そうでない人の差が、この時点から開いていく。自分を肯定的に捉えて「ツキの好循環」が起きるのはどちらか、あらためて述べるまでもない。

学歴も直視すれば、その本質がわかってくる。学力では昔以上に東大に差をつけられたのならば、他の長所は何なのか、人に勝っているのは何かと考えていくことだ。小金持ちを目指すなら、まずこの点を心に刻んでほしい。

「やっぱりダメだ」と思ってあきらめの人生を過ごしていて、幸運が勝手に転がり込んでくることはあり得ないのだ。

5章　「小金持ちから大金持ちになる」ための習慣術

——「たくさん釣り糸を垂らす仕事術」で成功を加速させる

「取り柄、立場」を上手く使って金につなげる

東大医学部卒というのは、相当わかりやすい取り柄である。ところが、その取り柄を金に換えている人は少ない。

医者には当然なるのだし、卒業して東大病院に勤めれば、東大医学部卒がごろごろいて、希少価値も何もない。狭い世界で出世競争をしているけれども、三流医大を出た開業医よりずっと貧乏なのである。

教授になれれば、まだ自己満足もできるだろうが、そうでもなければ日本に約二七万人いる医者の一人になってしまう。「東大医学部（理Ⅲ）には一年に九〇人しか入れないのに、もったいないと思わないのか」とも言いたくなる。

ところが東大医学部を出て、弁護士になりました、小説家になりましたなどというと、学歴の威光が効いてくる。人気職業であるアナウンサーを目指すのにも、強力な取り柄になる。

アナウンサーとしてテレビ局に入るための競争倍率は激烈だ。女子アナの場合、東京の

小金持ちから大金持ちになる習慣術

①初対面の人に「自慢話」をする

②他人の長所を見つけたら、「自分もやってみる」

③いろいろなことに手を出す

④変な人といっぱいつきあう。

キャバクラ嬢の「長所」も仕事に生かせる

キー局では、二〇〇〇倍とも三〇〇〇倍ともいわれて、合格するのは至難の業《わざ》である。実際は記念受験や箸《はし》にも棒《ぼう》にもかからない学生も受けるから、実質の競争率はもっと下がるのだろうが、それでも難関であることに変わりはない。

そこで東大卒、しかも医学部卒という看板が威力を発揮する。NHK出身の人気アナウンサー、膳場《ぜんば》貴子《たかこ》さんや日本テレビの山本舞衣子《やまもとまいこ》さんは、東大医学部卒である。私が非常に賢いと思うのは、アナウンサーへの道として意図的に、取り柄となる学歴を選んでいると思われる点である。

膳場アナは東大文Ⅲに入学後、三年進級時に医学部看護学科に進んだ。また山本アナは都立医療技術短大から東大医学部健康科学・看護学科へ編入している。この場合、「医学部卒」でも医師免許は取れないのだが、アナウンサーとして活躍するなら、そんなものは別になくてもいいわけだ。学歴を計画的に、かつもっとも有効に使っている好例だと思う。

何も持たない徒手空拳《としゅくうけん》の状態よりも、学歴でも立場でも、人に秀《ひい》でたものを持っていれば、それを上手く使ってさらに伸ばしたり、金を稼ぐことは容易になる。

漫画家の弘兼憲史《ひろかねけんし》さんは編集者に、資料本の内容をレクチャーしてもらうのだという。優秀なスタッフを雇っていれば、その本の大事なエッセンスだけを要約して聞くこともできるし、どのあたりを読めばいいのかを尋ねることもできる。

社会的な地位が上がるほど、頭を下げる価値も高くなる。頭を下げて何かを尋ねれば人は喜んで教えてくれる。専門家からレクチャーを受けることも、当たり前のようにできるようになる。

金を儲けたり、社会的地位が上がったら、さらにそれを利用することで、大金持ちへの道に加速度がつくのである。

初めて会う人に自分を印象づける簡単な方法

年功序列、終身雇用の時代には、謙遜《けんそん》は美徳、というよりも大切な処世術《しょせいじゅつ》だった。ところが今は違う。「自分はたいしたことないんです」とへこへこしていては、一生芽が出ないし、会社の中でも、生き残れない。

人と話をするときも、自分の取り柄や長所を小出しにする人は多いけれども、最初にインパクトのある話から入ったほうがいい。自分の一番の売り物を、会う人すべてに必ず話していると、後々、誰かが食いついてくれるものだ。人と会ったら、最初に自慢話をすることでチャンスは大いに広がるのだ。

女性にモテモテで「一〇〇〇人斬り」を自負しているなら、「それを言うと嫌われるだろうな」と隠しておくよりも、「じつは女に困ったことないんです。もう一〇〇〇人はお相手しちゃいました」などと切り出してみる。

ただし、その際に大切なことは「長所の分析と加工」ができていることだ。つまり「こんなことをするようになったら急にモテ出したんですよ」という話を付け加えることだ。

「僕、東大の理Ⅲに入って頭いいんです」と自慢しただけでは、「そうかよ」で終わって反感を買うだけだが、「こんな勉強法を始めた途端に数学の成績が上がったんです」と言えば、乗ってくれる人も現われる。それでもやはりムカッとくる人もいるかもしれないが、「おお」と身を乗り出してくる人もいるのだ。

そもそも自分の長所を話したときに不快に思うような相手は、まずビジネスチャンスにはつながらない。

その一方、たとえすぐにビジネスに結びつかなくても「おもしろいヤツだな」という印象を持たれると、また会う機会もできるし、偶然に会ったときも初対面の印象が強ければ、より親密になれる。

学生時代、私はいくつかの編集部に出入りして雑誌のライターをしていた。そんなとき「東大の医学部に通いながら学生ライターやってるんです。受験て、じつはテクニックなんですよ」という話を会う人ごとにしていたことが、やがてそれを覚えていた編集者からの仕事の依頼、つまり最初のベストセラー『受験は要領』につながっていったのだ。

ちょっとした習慣

初対面の人にはどんどん「自慢話」をしよう

素直な「盗み上手」が成功する

一度会った人間と、また会える関係を築くための技術がある。

キャバクラ嬢からのメールで、並の子は「ごちそうさまでした。また来てね」くらいのものだが、優秀な子は「ごちそうさまでした。埴輪《はにわ》を発掘に行った話、すごくおもしろかったです。うちに帰ってからも思い出し笑いしちゃった」などと書いてある。

他愛もないことだけれども、そのときの話題に触れつつ好印象だったポイントを押さえた、褒め上手なメールである。どちらのメールをもらったほうが「また行こうか」と思うか、勝負は明らかだろう。もしかするとオーナーが賢くて、お礼メールの書き方を教えているとも考えられる。美人を揃えようとすると莫大《ばくだい》なコストがかかるけれども、普通の子にメールのテクニックを教えることは費用対効果が高いし、そのほうが店の売上げは上がる。

ともあれ長所を見つけ、上手く相手に伝えて褒めるのにも技術があるのだ。それを身に付けることで人望も集まるし、人からもより好かれるようになる。

付け加えるなら、キャバクラ嬢からそんなメールをもらったときに、「このアイデアは使えるな」と思えるのは金が稼げる人だ。自分がされて嬉しいことを、すぐ他人にもしよう、と思えるかどうかが違いとなる。

ツイている人は「こいつは上手いことやっているな」というときに、ただ羨《うらや》むだけで終わったりひがんだりしないで、何かを上手に盗んでいるのだ。「自分もやってみよう」とこだわりなく取り入れることができる。

懐《ふところ》に飛び込んで、人の心を摑むのが上手い「人たらし」の技も見習いたい。上手く金を儲けることができるのは、結局は素直な心の持ち主なのだ。

ひがみっぽいかぎりにおいては、小役人的な出世がせいぜいで、決して大金持ちにはなれない。ひがんでしまっていては行動につながらないからだ。不美人が「美人は得よね」とひがんでいても何も変わらない。そう思ったのなら美容整形でもエステでも行くという行動を起こすことで、自分と周囲の関係が変化する。つまりツキが変わるのである。

「釣り糸をたくさん垂らす仕事術」の効用

私は、お金ができればできるほど、いろいろなことに手を出すべきだと思っている。元手が少ないうちはできないことだが、ある程度のお金ができてからは、少しずついろいろな方向にアンテナを張っておく。

というのは、現代は何が儲かるか本当にわからない時代だからだ。加えて、儲かったときの化け方が、以前とは比べものにならないくらい大きい。

製造業の時代なら、投資の割に入ってくるお金は小さかった。自動車会社なら一〇〇〇億円単位の投資が必要で、二〇〇万円の新車が一台売れて利益が五万円といった調子だ。

損をしないくらいには確実に当たるけれども、巨額の投資をして、数パーセントの利回りだったということだ。

今、ネットベンチャーなどでは、当たる確率が五〇分の一～一〇〇分の一くらいで、株式公開やM&Aも当然視野に入っているから、儲かったときは一万倍になることも夢ではない。

「そんな一〇〇分の一なんて宝くじみたいなものじゃないか」と思ってはいけない、二〇〇四年の年末ジャンボの場合、一等賞金の二億円に当選する確率は一〇〇〇万分の一である。ネットベンチャーのほうが一〇万倍（！）も当たる確率が高いのだ。しかも、期待値が非常に大きい。

期待値とは、試行を行なったとき、確率によって期待できる数値のことだ。と書いてもわかりにくいので具体的に示す。たとえば、あるベンチャーに五〇〇〇万円投資したとき、一〇〇分の一の確率で一万倍になるなら、期待値は五〇億円となる。

ちなみに年末ジャンボ宝くじで、一等賞金の二億円が当たる確率は一〇〇〇万分の一、期待値にすると二〇円だ（実際は二等以下があるのでもう少し高い）。年末ジャンボ一枚の値段三〇〇円を大きく下回っているので、ごく稀に二億円当たる人はいるけれどもトータルで見ると損をするということだ。

これに対して、ベンチャーへの投資は圧倒的に勝算も高く有利であることが期待値からもわかるのだ。ベンチャー一〇〇件に投資すれば必ず元が取れ、綿密に審査していれば三つぐらいは当たるだろうから大儲けができる。

なまなかの金持ちではそれだけの投資はできないが、ベンチャーへの投資に限らず、どんなことでも試行の回数を増やすことが重要だ。釣り糸を垂らした数が多ければ、大物がかかる可能性が高まる。何がヒットするか不透明なだけに、少しずつでもあちこちにアンテナを張っておくことが必要なのだ。

私自身、受験勉強の通信指導をする緑鐵《りょくてつ》受験ゼミナールと、心理学ビジネスのヒデキ・ワダ・インスティテュートという二つの会社を持っている。とくにヒデキ・ワダ・インスティテュートは、心理学ビジネスで五本柱を立てて、事業を試している段階だ。その柱の中から、どれかが当たれば、もちろん上場することも視野に入れている。

積極的に勝負する姿勢で「大金持ちサラリーマン」を目指す

サラリーマンにも〝一億円プレーヤー〟が現われる時代である。「九九人の年収三〇〇万円と、一人の一億円」と言われるように、能力のある人には億単位のお金を払ってくれる会社はすでにたくさんあるし、今後はますます増えるだろう。

ベンチャーを興す以外に、大金持ちのサラリーマンを目指すことも選択肢として挙げられる。「今の勤め先じゃダメだ」と思ったとき、どうせ転職するのなら大金持ちになれる可能性が高い会社に転職する方法だ。

一般には知られていないような小さな証券会社に勤めていて、それなりの成績を上げていた人に、外資から引き抜きが来たりするという。チャンスがあるならと、積極的に打って出た人が、すでに活躍している。ソニー生命やプルデンシャルなど保険のセールスも、自分の能力を信じる多士済々《たしせいせい》が集まっている。年収一億円の営業マンだってザラにいる世界だ。

自分の能力を信じるという意味では、リクルートもチャンスと見ると会社を飛び出していく人が多い。iモードで有名な松永真理《まつながまり》さんや、リンクアンドモチベーションの小笹芳央《おざさよしひさ》さんほか、ビジネスのさまざまな分野で活躍する人たちがいる。

多少上手くいったからといって「今のままでいいや」と思う人たちは、おそらくいないのではないだろうか。野心家がそばに数多くいれば、やはり現状に満足しないで冒険する人間になる。

リクルートの出身というだけで、転職市場ではかなり有利になると聞く。野心家が多い職場、金を稼ぐ人が多い職場にいれば、必ず勉強になるのである。

その意味で、一億円プレーヤーがいるような職場にいると、見本のスケールが大きくなるというメリットもある。「この人すごいな」と尊敬する上司が、年収一五〇〇万円という会社と一億円の会社では、見習う姿勢も、得られる内容も違ってくる。

大金を稼ぐ上司は、自ら市場を作り出すような、おそらく今までになかったことを手がけているはずだ。アイデアを実現するプロセスから、決断のスピードや度胸に至るまで、秀でている部分がたくさんあるだろう。同じ薫陶《くんとう》を受けるなら、レベルが高いほうが後々のためとなる。

仮にその会社で「役立たず」と言われ捨てられたとしても、何か得られるものがある。

とんでもなくきつい職場だったとしても、その後、普通の職場に行ったときに楽だと思えるかもしれない。どんな体験も、糧《かて》や勉強だと捉えられる習慣を身に付けていれば、再チャレンジは困難ではない。

ちょっとした習慣

日常の仕事の小さなチャレンジが転職などの大きな決断のカンを養う

せっかく転職するのに、守りに入るな

サラリーマンでも大化けする方法が現実にあるのに、転職する際にありがちなのは、守りに入ってしまうことだ。

所属する部門が切り売りされそうなとき、優秀な人ほど、その前に転職しようと考える。そんなとき、少し名の知れた大企業なら喜んで転職してしまい、無名だけれども可能性のあるベンチャーを避けがちになるのだ。せっかく転職というリスクを取るのに、外資

系やベンチャーにはない「安心」を選んでしまうのだ。しかし、繰り返し述べているように、今の時代は大企業だからといって、安心はできない。

どうせ転職というリスクを取るなら、勝負をかけて積極的に金持ちになれる会社を選ぶ価値はある。

もちろん失敗して二、三年でクビになる可能性もある。しかし、そこで得るものは必ずある。外資系の証券や保険会社では、お客と徹底的につき合って仲よくなるようなシステムが多いから、何がどう転ぶかもわからない。自分で起業するときの金主《きんしゅ》になってくれるかもしれない。

自分の取り柄を信じて、機を見て積極的に決断することが、今の時代を上手く捉えた生き方なのだ。

万が一、コケて二〇〇〇万円プレーヤーになったとしても、なんとか食えるのが今の日本である。それがストレスになることもあるけれども、それもまた勉強だと発想するしたたかさが、復活の原動力になる。

「会社には使われるもの」と思っているかぎりは、絶対に貧乏なままである。しかも、ますますその傾向に拍車《はくしゃ》がかかっている。「会社を使う」つもりでいてこそ、金持ちになれる糸口が摑めるのだ。金持ちになれる保証はできないけれど、「なれるかもしれない人生を選ぼうよ」という提案である。

堅い会社や堅実な人生を選んだつもりでも、今後、リストラされる可能性が高まることはあっても低くなることはない。それでも「一生貧乏で終わるのが確実な人生」を選択するのだろうか。

ちょっとした習慣

現状維持が目標ではジリ貧への一本道。リスクを取ってハイリターンを狙おう！

大金持ちになれるのに、チャレンジする人はごく少ないという現実

「たくさんの釣り糸を垂らす」には、幅広く肯定的な視点で見るという意味もある。

年収一億円なんてとんでもなく高いハードルのように思うかもしれない。しかし、どれだけの人が、それにチャレンジしているだろうか。「望んでも無理」と、最初からあきらめている人があまりにも多いのだ。

転職や起業することも含めて、日本はチャレンジしている人が、ものすごく少ない社会だから、大金持ちになれる人も少ないのだと考えられる。仮に年収一億円の人が、一万人に一人の割合でいるとしよう。チャレンジする日本人が、一〇〇〇人に一人だったとしたら、実際は一〇分の一の確率で一億円を得ていることになる。

案外、大金持ちは身近なのではあるまいか、と考えればチャレンジしようという気にもなるだろう。実際、昔と比べたら、億万長者になる人の数はずっと増えているのである。

「九九人の年収三〇〇万円と、一人の年収一億円」というのは、逆に考えれば「一〇〇人に一人は一億円か」ということである。そう思えば、それほど縁遠いことでもなくなる。当然のことながら、棚からぼた餅《もち》や偶然では一億円は手にできない。それを目標にチャレンジした人だけが手にすることができる。

あきらめたり、チャレンジすることを考えてもみない人が多い中にあって、この本を買ってここまで読んでくださった方は、人より一歩先んじているとも言える。ここからさらに行動を起こす人は、確率の数字からするとかなり高いところにいることになる。

変な人間といっぱいつき合おう

金持ちになりたいと思うなら、変な人間とつき合っていたほうがいい。少々頭がよくても個人の知恵には自《おの》ずから限界がある。変わり者とか変なヤツと呼ばれるような人間と知り合いにならないと、発想の芽が出てこないのだ。

私が自分のビジネスを始めた頃からの二本柱は、「受験勉強法」と「東大生を前面に押し出した塾」だが、それをいろいろな形で加工してくれたり、ビジネスとして伸ばす力を貸してくれたのは、ライター時代に知り合った変な仲間たちだった。

本来、学生時代は変なヤツとつき合える黄金時代なのだ。もちろん、多数派の普通の学生に混じって、普通にスポーツの同好会などに入って合コンばかりしていれば、普通にセックスができて、十人並みに楽しく学生生活は送れるだろう。

だが普通の連中とつき合って、周囲と同じことをして安心していたら、結局は年収三〇〇万円の普通の（いわゆる負け組の）サラリーマンになってしまう。周りも同じぐらいの年収だからいいや、という覇気《はき》のない守りの人生を歩むことになるのだ。

変なヤッとつき合っていれば、たとえ手堅くサラリーマンをやっていても「ちょっと飲もうか」と会うことで、日頃の人間関係とはまるで違う刺激を受けることができる。異質な人間とのつき合いは、発想の源泉なのだ。

振り返ってみると私も、学生時代にライターをしていて知り合った、変な仲間たちとのつき合いから刺激されたことがたくさんある。

当時の仲間の一人に、Sという中央大学の学生がいた。私は雑誌の『プレイボーイ』などで仕事をしていたし、仲間もみんな『平凡パンチ』など、メジャーな雑誌で原稿を書いていたのだが、Sだけは、その頃自動販売機で売られていたエロ本、いわゆる自販機本の仕事をしていた。

そこで彼は、見開きのエロ写真に「ああ、課長さんの手が伸びる」などという添え書きの短い原稿を書いていた。それで一ページ当たり二〜三万円を稼いでいたのである。一冊にすると一〇〇万円ほどになる。原稿用紙一枚当たり二万円にも相当する原稿料は、学生の分際で流行作家よりずっと高い。しかもそれを量産していたのである。

仲間はみんな小学館《しょうがくかん》だの、集英社《しゅうえいしゃ》だの平凡出版《へいぼんしゅっぱん》（現・マガジンハウス）などのメジャー誌で書けて喜んでいるのに、Sだけは見向きもしないでエロ本の添え書きをしていた。

当時、その会社の自販機本は毎月二四〇万部も売れていたから、もうボロ儲けだ。「おれはストリップ・コメディアンだ」などとうそぶいていたが、本物のストリップ・コメディアンは貧乏と相場が決まっている。

腕が立ち、賢くて「見栄《みば》えより金」に徹して仕事をする人だった。若いのに兄貴肌な、相当に「変な人」だった彼は、今も編集プロダクションを主宰して辣腕《らつわん》を振るっている。

こういう人を見ることで、私も世の中にはいろいろな種類の賢い人がいることを知った。実際に行動している人から受ける刺激は大きい。もともと私には貧乏恐怖があったけれども「見栄えより金」に徹する姿に感化を受けたのだ。

人間は、見本を見ないと「こういう生き方もある」「ここまでできるのか」などとは、なかなか思えないものだから、学生時代に限らず、変な人間、おもしろい人にたくさん会っておくことである。

ただ、そこで「あいつは金に卑《いや》しい」とか「そこまで身を落とすことないのにな」などと思っていたら、絶対に金持ちにはなれない。素直に驚いて肯定的な目を持つことで、何がすごいのか、どうマネできるかなどが見えてくるものだ。

（この作品『お金とツキを呼ぶちょっとした「習慣術」』は、平成十七年二月、小社ノン・ブックから四六版で刊行された『お金とツキが転がり込む習慣術』を改題した）

一〇〇字書評

切り取り線

購買動機（新聞、雑誌名を記入するか、あるいは○をつけてください）

- □（　　　　　　　　　　　　　　）の広告を見て
- □（　　　　　　　　　　　　　　）の書評を見て
- □ 知人のすすめで
- □ タイトルに惹かれて
- □ カバーがよかったから
- □ 内容が面白そうだから
- □ 好きな作家だから
- □ 好きな分野の本だから

●最近、最も感銘を受けた作品名をお書きください

●あなたのお好きな作家名をお書きください

●その他、ご要望がありましたらお書きください

住所	〒				
氏名		職業		年齢	
新刊情報等のパソコンメール配信を 希望する・しない	Eメール	※携帯には配信できません			

あなたにお願い

この本の感想を、編集部までお寄せいただけたらありがたく存じます。今後の企画の参考にさせていただきます。Eメールでも結構です。

いただいた「一〇〇字書評」は、新聞・雑誌等に紹介させていただくことがあります。その場合はお礼として特製図書カードを差し上げます。

前ページの原稿用紙に書評をお書きの上、切り取り、左記までお送り下さい。宛先の住所は不要です。

なお、ご記入いただいたお名前、ご住所等は、書評紹介の事前了解、謝礼のお届けのためだけに利用し、そのほかの目的のために利用することはありません。またそのデータを六カ月を超えて保管することもありませんので、ご安心ください。

〒一〇一・八七〇一
祥伝社黄金文庫編集長　萩原貞臣
☎〇三（三二六五）二〇八〇
ohgon@shodensha.co.jp

祥伝社黄金文庫

祥伝社黄金文庫　創刊のことば

「小さくとも輝く知性」――祥伝社黄金文庫はいつの時代にあっても、きらりと光る個性を主張していきます。

真に人間的な価値とは何か、を求めるノン・ブックシリーズの子どもとしてスタートした祥伝社文庫ノンフィクションは、創刊15年を機に、祥伝社黄金文庫として新たな出発をいたします。「豊かで深い知恵と勇気」「大いなる人生の楽しみ」を追求するのが新シリーズの目的です。小さい身なりでも堂々と前進していきます。

黄金文庫をご愛読いただき、ご意見ご希望を編集部までお寄せくださいますよう、お願いいたします。

平成12年(2000年)2月1日　　　　祥伝社黄金文庫　編集部

お金《かね》とツキを呼《よ》ぶちょっとした「習慣術《しゅうかんじゅつ》」

平成19年2月20日　初版第1刷発行

著　者　和《わ》田《だ》秀《ひで》樹《き》
発行者　深澤健一
発行所　祥《しょう》伝《でん》社《しゃ》

東京都千代田区神田神保町3-6-5
九段尚学ビル　〒101-8701
☎03(3265)2081(販売部)
☎03(3265)2080(編集部)
☎03(3265)3622(業務部)

印刷所　堀内印刷
製本所　関川製本

造本には十分注意しておりますが、万一、落丁、乱丁などの不良品がありましたら、「業務部」あてにお送り下さい。送料小社負担にてお取り替えいたします。

Printed in Japan
©2007, Hideki Wada

ISBN978-4-396-31422-4 C0195

祥伝社のホームページ・http://www.shodensha.co.jp/

祥伝社黄金文庫

緒方知行編　**鈴木敏文語録　増補版**

イトーヨーカ堂社長にしてセブン・イレブンの生みの親。業界を牽引する経営者が明かす成功の秘訣。

樋口廣太郎　**知にして愚**

日本初の辛口ビール・スーパードライを大ヒットさせ、「アサヒビールの奇跡」を生んだ樋口流を明かす！

堀場雅夫　**出る杭になれ！**

混迷の時代、誰も先のことは読めません。「出る杭」は打たれるが、出すぎてしまえば周囲も諦めます。

渡邉美樹　**あと5センチ、夢に近づく方法**

「自分の人生を切り売りするな！」ワタミ社長が戦いながら身につけた起業論。

片山　修　**トヨタはいかにして「最強の社員」をつくったか**

〝人をつくらなければ、モノづくりは始まらない！〟トヨタの人事制度に着目し、トヨタの強さの秘密を解析。

片山　修　**なぜ松下は変われたか**

松下復活の物語は、日本再生の指針である。特別書下ろしを加え、「中村革命」の全貌に迫る。

祥伝社黄金文庫

朝倉千恵子
1日1分！ ビジネスパワー
仕事、楽しんでますか？ カリスマ・セールスレディが実践している、成功を加速させる方程式。

高橋俊介
いらないヤツは、一人もいない
自分の付加価値を検証しよう！「会社人間」から「仕事人間」になる10カ条とは？

横田濱夫
はみ出し銀行マンの社内犯罪ファイル
インチキ領収書事件、ストックオプションの秘密、証券OLアブナイ告白…〝禁断〟の手口を全面公開！

山本ちず
だから、潰《つぶ》れた！
ワンマン、愛人、ごまかし…抱腹絶倒のドキュメント。佐高信氏も注目。「ここは日本の会社の典型である」

林田俊一
黒字をつくる社長 赤字をつくる社長
頑固でワンマンで数字に弱い社長。ものも言えない取り巻きたち。気鋭のコンサルタントが明かす社長の資質。

林田俊一
赤字を黒字にした社長
今こそ社長以下、全従業員が結束を！ 評論家ではない現場の実務者が明かす企業再生への道標。

祥伝社黄金文庫

米長邦雄
人間における勝負の研究

将棋界きっての才人である著者が、勝負に不可欠の心得―「雑の精神」「省の精神」について説く。

米長邦雄
人生一手の違い

史上最年長名人となった著者が、「泥沼流」人生哲学によって、「運」をつかむコツ、人生の勝負所を説く。

米長邦雄
碁敵《ごがたき》が泣いて口惜《くや》しがる本

将棋で鍛《きた》え上げられた勝負哲学に裏づけられた囲碁征服のノウハウは秀逸と、藤沢秀行氏が絶賛する名著。

米長邦雄
運を育てる

〝勝利の女神〟に好かれる人、嫌われる人…その違いを徹底分析！　この本を読めば運がつく。

米長邦雄
羽生善治
勉強の仕方

「得意な戦法を捨てられるか」「定跡否定から革新が生まれる」――読むだけで頭がよくなる天才の対話！

米長邦雄
藤沢秀行
戦いはこれからだ

「修羅場で戦ってこそ男」「本当に強くなるための勉強とは何か」斯界の雄・二人が熱く語る！

祥伝社黄金文庫

斎藤茂太
いくつになっても「輝いている人」の共通点
今日から変われる、ちょっとした工夫と技術。それで健康・快食快眠・笑顔・ボケ知らず！

斎藤茂太
絶対に「自分の非」を認めない困った人たち
「聞いてません」と言い訳、「私のせいじゃない」と開き直る「すみません」が言えない人とのつき合い方。

斎藤茂太
いくつになっても「好かれる人」の理由
人間はいくつになっても人間関係が人生の基本。いい人間関係が保たれている人はいつもイキイキ。

遠藤周作
生きる勇気が湧いてくる本
人生に無駄なものは何ひとつない。人間の弱さ、哀しさ、温かさ、ユーモアを見続けた珠玉のエッセイ。

遠藤周作
信じる勇気が湧いてくる本
苦しい時、辛い時、恋に破れた時、生きるのに疲れた時…人気作家が贈る人生の言葉。

遠藤周作
愛する勇気が湧いてくる本
恋人・親子・兄弟・夫婦…あなたの思いはきっと届く！　人気作家が遺した珠玉の言葉。

祥伝社黄金文庫

曽野綾子《そのあやこ》
完本 戒老録
この長寿社会で老年が守るべき一切を自己に問いかけ、すべての世代に提言する。晩年への心の指針！

曽野綾子
運命をたのしむ
すべてを受け入れ、少し諦め、思い詰めずに、見る角度を変える…生きていることがうれしくなる一冊！

曽野綾子
〈敬友録〉「いい人」をやめると楽になる
縛られない、失望しない、傷つかない、重荷にならない、疲れない〈つきあい方〉。「いい人」をやめる知恵。

曽野綾子
〈安心録〉「ほどほど」の効用
失敗してもいい、言い訳してもいい、さぼってもいい、ベストでなくてもいい、息切れしない〈つきあい方〉

曽野綾子
現代に生きる聖書
何が幸いか、何が強さか、何が愛か、聖書から得る、かくも多くのもの。

日本速読協会編著
「1冊を1分」のスーパー速読法
速読ブームの火つけ役となった一冊、待望の文庫化。すでに3万人が体験している〝奇跡〟の世界！

祥伝社黄金文庫

川島隆太
読み・書き・計算が子どもの脳を育てる
脳を健康に育てる方法を、東北大学・川島教授が教えます。単純な計算と音読の効果。

大島　清
女の脳・男の脳
最大の性器は、両脚の間ではなく両耳の間にあった。大脳生理学の権威が、男女の性差について解明する。

永　六輔
学校のほかにも先生はいる
一年のほとんどを旅している永さんが、今だからこそ伝えたい、達人たちの忘れられない言葉の数々。

漆田公一＆デューク東郷研究所
ゴルゴ13の仕事術
商談、経費、接待、時間、資格――危機感と志を持つビジネスマンなら、ゴルゴの「最強の仕事術」に学べ！

横森理香
いますぐ幸せになるアイデア70
横森さんの70の提案はホントウにオススメ！〝手っ取り早く幸せになるのは幸せな人のマネをすること〟。

金盛浦子
気にしない、今度もきっとうまくいく
本気で願えばほんとにかなうのよ、幸せをつかむコツ教えます。ウラコのまんが＆エッセイ。

祥伝社黄金文庫

弘兼憲史　辞める勇気 残る知恵

『部長島耕作』の作者が語る、後悔しない〝決断〟の方法。会社人間ではなく本当のビジネスマンになるために！

弘兼憲史　俺たちの老いじたく

定年後の方が純粋にやりたいことができる。これから始めることが、人生のライフワークになると心得たい。

弘兼憲史　ひるむな！上司

ため息をついている暇はない！部下に信頼される上司の共通点

和田秀樹　頭をよくするちょっとした「習慣術」

「ちょっとした習慣」で能力を伸ばせ！「良い習慣を身につけることが学習進歩の王道」と渡部昇一氏も激賞。

和田秀樹　人づきあいが楽になるちょっとした「習慣術」

上司、部下、異性、家庭…とかく人間関係は難しい？　もう、悩まなくていいんです。

和田秀樹　会社にいながら年収3000万を実現する

精神科医にしてベンチャー起業家の著者が公開する、小資本ビジネスで稼ぐ、これだけのアイデア。